儿童时间管理内驱力手册

升级版

雨 露◎著

清华大学出版社
北京

内容简介

时间管理对于儿童的成长和学习非常重要。通过学会合理安排时间，儿童不仅能够提高学习效率和自律能力，而且还可以培养出良好的习惯。但现实生活中，很多孩子都没有形成良好的时间管理观念，究其深层原因，是孩子不愿意或者不想做。为了解决这一根本性的问题，本书为家长们出谋划策，以从根本上帮助家长激发孩子的内驱力，让孩子在学习中找到成就感，从而得到前进的动力，形成正向循环。在内容讲解上，本书的发力点不是论述内驱力有多重要，而是讲如何能激发孩子的内驱力。根据亲子性格测试调整教育策略、运用十大儿童时间管理工具以及内驱力明星榜样的作用来提高孩子的学习效率。书中所举案例中的人物，皆为作者真实辅导或咨询过的人物，案例中的这些小主人公们并非天赋异禀的学霸，而是一个个屡败屡战的逆袭勇士。他们通过调整学习策略并持续努力，最终将自己送往心仪的学府。

本书封面贴有清华大学出版社防伪标签，无标签者不得销售。
版权所有，侵权必究。举报：010-62782989，beiqinquan@tup.tsinghua.edu.cn。

图书在版编目(CIP)数据

儿童时间管理内驱力手册 ：升级版 / 雨露著.
北京 ：清华大学出版社，2025.1. -- ISBN 978-7-302-67596-9
Ⅰ.C935-49
中国国家版本馆 CIP 数据核字第 2024CE0411 号

责任编辑：张尚国
封面设计：刘　超
版式设计：楠竹文化
责任校对：范文芳
责任印制：丛怀宇

出版发行：清华大学出版社
网　　址：https://www.tup.com.cn, https://www.wqxuetang.com
地　　址：北京清华大学学研大厦 A 座　　邮　编：100084
社 总 机：010-83470000　　邮　购：010-62786544
投稿与读者服务：010-62776969, c-service@tup.tsinghua.edu.cn
质量反馈：010-62772015, zhiliang@tup.tsinghua.edu.cn
印 装 者：河北鹏润印刷有限公司
经　　销：全国新华书店
开　　本：170mm×240mm　　印　张：16.75　　字　数：189 千字
版　　次：2025 年 1 月第 1 版　　印　次：2025 年 1 月第 1 次印刷
定　　价：69.80 元

产品编号：106858-01

谨以此书献给我最亲爱的爸爸妈妈，

你们每人身上的 3 个优秀品质都对我的人生影响深远：

妈妈：独立、乐观、永不言弃

爸爸：冷静、问题解决导向、坚韧

前言 PREFACE

在多年前的一次线下家长培训中,我请每一位在座的家长在笔记本上写下对自己孩子未来的期待。15分钟后家长们的想法便跃然纸上,文文爸爸说:"期待孩子幸福、快乐,未来做一个对社会有用的人。"旭阳妈妈说:"期待孩子健康、快乐,有能力照顾好自己和家庭,并能帮助更多的人。"小刚爸爸说:"期待孩子能有自己的目标,并能够为这个目标付诸努力。在此过程中能够体会到快乐。有健康的身体和心理;有良好的生活和学习习惯。"不难看出,虽然家长们的期待林林总总,各有不同,但是,两个关键词:幸福和快乐却是大家的共识。

接下来我又请家长写下这些年来他们为了实现这些目标所选择过的关键路径。然而,这一次我发现与刚才下笔时大不相同,大家边写边有些怅然若失。为什么?在和大家深度交流后我找到了原因,原来家长普遍明明期待孩子幸福、快乐,实际选择的路径却和期待大相径庭。到底出了什么问题呢？阳阳妈妈的期待和路径比较有代表性，我举例说明后大家都深以为然并在培训结束前想出了针对自己孩子成长的新路径。阳阳妈妈的期待是希望孩子身心健康、自信阳光。之前的关键路径却是孩子写不完作业就不能睡觉，在家长的催促声中孩子晚睡并最终完成作业，家长和孩子最常说的一句话就是："你这个扶不起的刘阿斗啊。"这样提醒、催促、逼迫的"狼追"路径与期待中的孩子幸福、快乐背道而驰，不仅会离目标越来越远，而且还可能产生以下"10大问题"。

（1）磨蹭。

（2）注意力不集中。

（3）粗心、马虎。

（4）学习不主动。

（5）畏难，容易放弃。

（6）只能表扬不能批评。

（7）胆小、不敢表现自己。

（8）不认错、找客观理由。

（9）不上进，总和不如自己的人比。

（10）人际交往能力弱。

有上述问题困惑的家庭其实都进入了一个恶性循环——孩子不自觉，家长催，孩子更不自觉。在这样的循环中，很多家长就一直催孩子完成各种任务，因为只要不催，孩子就不行动或者动作慢。面对家长的催促和唠叨，有的孩子直接对抗，干脆不做；有的孩子使用"敷衍大法"，出现磨磨蹭蹭、玩一会儿是一会儿、错题多等现象。做一个通俗的类比：我们都有开车的经验，如果发动机不着（孩子没有内驱力），家长就只能在后面推。这样车也能动,但就是慢(孩子磨蹭、拖拉)。等到孩子到了青春期的时候,就像车拉了手刹,彻底不动了(不上学了)。

北京十一学校原校长李希贵先生在《用心教养》一书的推荐序中这样写道:"我从事教育工作已经30多年了,深切体会到正确的教育观有多重要。""教学大纲和教科书规定了应给予学生的各种知识,但是没有规定应给予学生的最重要的一样东西,这就是:幸福。我们的教育信念应该是:培养真正的人!让每一个从自己手里培养出来的人都能幸福地度过自己的一生。"这是著名教育家苏霍姆林斯基的话,也是让我至今感到震撼的话,这句话让我对孩子的教育一直不敢轻慢,让我坚信,教育的根本追求正是人生的幸福。寻找幸福人生的教育之路并不轻松。近年来,我和同事们一直致力于帮助孩子们发现自己、唤醒自己并希望他们最终成为最好的自己。全校有4000多名学生就应有4000多张课表,每一位同学在选择适合自己的课程中成就自我,而这些,正是基于脑科学的研究成果,正是基于多元职能的理论,使我们的教育追求更加逼近教育本质。无独有偶,北京史家小学原校长王欢也在采访中提出:"教育是70%的等待和30%的唤醒"。我理解唤的就是孩子成长所需的内驱力,让孩子有机会成为最好的自己。而成为最好的自己不正与家长们希望孩子幸福、快乐的观点不谋而合了吗?美国心理学家马丁·塞利格曼在其《持续的幸福》一书中为我们具化了幸福:"幸福2.0理论有5个元素,它们是:'积极情绪、投入、意义、积极的人际关系、成就'"。在日常工作中,我和家长们都在积极地践行着幸福理论,因为这才是教育的终极目标。这5个元素在本书第十一章至第十五章有更详细的阐述和真实的中国家庭案例呈现。

众所周知,幸福不会自动生成。所以,亲子教育需要在确保正确的方向后合力而为才有可能达成这一目标。在努力的过程中自然需要强大的内驱力才行。有内驱力的孩子和没有内驱力的孩子有什么不一样？那就是：家长不吼不叫，孩子还能积极主动地完成学习任务！家长期待孩子幸福，正确的培养路径是什么？（当然，在实践中我们发现这个路径不是一蹴而就的，而是需要家长持续更新才能达到目标）在本书第十六章您会看到5位内驱力明星的独特见解，让我们能从孩子、家长和老师的视角，更多维度地体会内驱力对孩子幸福的巨大影响力。

本书旨在通过"心理学理念·真实案例·学生感悟"的全新模式，从以下三个方面指导家长或教师帮助孩子们成为最好的自己。

第一，激发孩子的内驱力。内驱力是指在有机体需要的基础上产生的一种内部推动力。先借用孩子在意的"外驱力"，然后再帮其有效转换为内驱力，让孩子自动自发、高效利用时间。

第二，16种亲子性格组合分析。帮助4种不同性格的家长训练4种性格、4种磨蹭原因迥异的孩子。

第三，有效利用十大儿童时间管理工具。介绍了5种关键工具和5种辅助工具的功能和应用。

最后，在本书的末尾，我通过正面和反面的案例分析了儿童时间管理的终极目标——让孩子们有时间去做真正重要但不紧急的事情，例如思考幸福。我的一位学生邓辰然，由于从初中开始就做时间管理，所以，她顺利地考上了自己的梦校——清华附中。辰然同学上高二的时候，有一天他突然打电话问我："老师，按照之前的计划——考上清华大学后去欧洲留学，然后再回清华大学教书，即使我都做到了，可这是我想要的吗？"我为此给邓辰然的妈妈打了个电话，我们都异常兴奋。为什么？别的孩子都忙着题海战，可是她在完成学习任务后还有时间思考人生,思考自己的幸福。当然,这样的正向循环也让孩子能够不断反思自己的努力方向,从而拥有源源不断的内驱力,最终实现自己的人生目标。目前,已在清华大学就读大四的辰然同学过得非常忙碌且充实,自己联系并办理了英国伦敦一所高校的半年交换生,回国后利用暑假又去意大利米兰和中国上海的公司实习……

古希腊哲学家亚里士多德曾经说:"人的行为总是一再重复。因此卓越不是单一的举动,而是习惯。"所以,如果我们能通过儿童时间管理训练让孩子重复性的行为变成一个个模块,这样,孩子做事的速度就会不断提高,效率也能得到提高,节省出来的时间就可以用于完成那些重要但不紧急的事情了。

目录

1 第一部分
儿童时间管理的秘密

第一章 4种性格孩子的常见磨蹭原因　　3
10秒识别4种性格的孩子　　4
"戴面具"的孩子　　7
"嫁接"性格，帮助孩子成为更好的自己　　9
4种性格，4种磨蹭　　12

第二章 活泼型性格孩子磨蹭的"解药"——自控力　　15
案例分析：上课东张西望的亮亮　　15
4种性格的家长训练活泼型性格孩子　　19

第三章　力量型性格孩子磨蹭的"解药"——自主性　29

案例分析:誓死不上英语课的蔡逍遥　29

4 种性格的家长训练力量型性格孩子　33

第四章　完美型性格孩子磨蹭的"解药"——不怕失败　41

案例分析:不想参加 PET 考试的阳阳　42

4 种性格的家长训练完美型性格孩子　45

第五章　和平型性格孩子磨蹭的"解药"——有目标　57

案例分析:从来不举手的青青　57

4 种性格的家长训练和平型性格孩子　59

73　第二部分

5 大法宝终结磨蹭

第六章　十大儿童时间管理工具　75

案例分析:年级垫底的彬彬　75

十大儿童时间管理工具之关键工具　77

十大儿童时间管理工具之辅助工具　81

第七章　任务清单,让孩子生活作息更规律　87

谋定而后动,三项工作早准备　87

4 个磨蹭"雷区"及其破解方案　90

3 步形成任务清单　　　　　　　　　　　　　　　98

第八章　"三表一录",专治写作业拖拉　　　　101

　　案例解析:如何制定有效的"三表一录"　　　　101

　　案例解析:"三表一录"的失灵原因　　　　　　106

　　教子智慧分享:把主动权交给孩子　　　　　　112

第九章　魔力小纸条,再不说"不想上学"　　　115

第十章　ABC 排序法,迅速提高学习效率　　　127

　　案例解析:学习效率低的元凶——习得性无助　　127

　　关键在于激发内驱力　　　　　　　　　　　　132

　　巧用 ABC 排序法,提升学习效率　　　　　　　134

137　第三部分

PERMA 幸福 5 元素与明星分享

第十一章　孩子不再马虎敷衍　　　　　　　　139

　　PERMA 事关孩子幸福　　　　　　　　　　　139

　　案例解析:孩子为自己学　　　　　　　　　　141

　　案例解析:孩子为家长学　　　　　　　　　　145

第十二章　孩子不配合,家长白费劲　　　　　149

　　案例解析:家庭氛围对孩子的影响　　　　　　149

四种人际关系决定孩子是否合作　　　　　　　　　155

第十三章　一说学习就反目成仇　　　　　　　163

学海无涯"乐"作舟　　　　　　　　　　　　163
父母的情绪管理　　　　　　　　　　　　　　167
三步培养孩子的积极情绪　　　　　　　　　　168

第十四章　三大妙招根治孩子上课不专心　　　173

案例解析：孩子"学上瘾"的奥秘　　　　　　　173
四个孩子不专心的原因及其破解方案　　　　　180

第十五章　消除依赖心理，学习更独立　　　　187

案例解析：在学习上找不到成就感的小宝　　　187
四步培养孩子的成就感　　　　　　　　　　　191
儿童时间管理的三个重点　　　　　　　　　　196

第十六章　内驱力明星分享　　　　　　　　　199

"学渣"轻松学习变学霸——张博严　　　　　199
学习"掌舵人"——齐景然　　　　　　　　　204
如何拥有内驱力——马俪芮　　　　　　　　　210
山河勇士塔尖上的明珠——蔺天祺　　　　　　211
写给我最爱的小蔺——蔺天祺妈妈　　　　　　221

附录 A　性格测试　　　　　　　　　　　　　229

性格分析问卷及问卷中词汇的定义　　　　　　229
性格分析问卷　　　　　　　　　　　　　　　229

性格分数统计表	231
性格测试词汇定义	233

附录 B 假期计划 — 241

孩子喜欢执行什么样的假期计划	241

第一部分

儿童时间管理的秘密

本部分针对 4 种性格的孩子及其常见的 4 种磨蹭原因,帮助家长"对症下药"并达到教育目标。

- 第一章　4种性格孩子的常见磨蹭原因
- 第二章　活泼型性格孩子磨蹭的"解药"——自控力
- 第三章　力量型性格孩子磨蹭的"解药"——自主性
- 第四章　完美型性格孩子磨蹭的"解药"——不怕失败
- 第五章　和平型性格孩子磨蹭的"解药"——有目标

第一章
4 种性格孩子的常见磨蹭原因

认清孩子性格的最快途径,我推荐性格测试。请参见本书附录 A 的性格测试。我要特别提醒各位家长:当您测试孩子的性格时,请按照孩子的真实情况进行选择,而非按照自己的期望进行选择。

2000 多年前,古希腊的医师希波克拉底提出了 4 种气质理论。这种理论源于他的一些病人对于医生的配合程度。希波克拉底发现,有的病人会不假思索地遵医嘱;有的病人却会不断地提出挑战:为什么给我开这个药?为什么不是那个药?这是不是和孩子挑战家长、老师权威的行为相似?

20 世纪 70 年代,美国心理学家弗洛伦斯在希波克拉底的 4 种气质理论的基础上又提出了 4 种性格理论:活泼、完美、力量、和平。豆豆妈妈工作室在十几年间训练了 3000 多个孩子养成学习习惯的同时,也实际验证了这些理论的合理性。需要特别说明的是:上述 4 种性格没有好坏之分,都各有优劣。

我在一所重点小学做教师培训时,一位校长问我:"雨露老师,这 4 种性格哪种最好?"我回答:"没有好坏之分,都有要改的缺点。"正在阅读儿童时间管理系列书籍的家长,他们的目的就是在学习和掌握一些帮助孩子改掉缺点的工具和方法。

10秒识别4种性格的孩子

4种性格的孩子的事例分别列举如下。

(1) 活泼型性格的明明。明明妈妈常被老师叫到学校,因为明明上课不专心听讲,只听他想听的课程:比如,老师要讲历史课,他就能听几分钟,剩下的课他就不想听了,就隔着几排和同学说话;或者当老师在上面讲课,他在下面接话茬儿。有的时候他还故意发出怪声,引得全班哄堂大笑。有的时候虽然他不影响别人,但也不听课,自己在作业本上画画。老师布置课堂练习后,他不做也不交课堂练习。明明妈妈非常苦恼,跟明明说过很多次,明明每次也都保证绝不再犯,但屡教不改。

(2) 力量型性格的小闯。老师经常跟小闯妈妈反映:小闯总在学校打架。妈妈问小闯原因,他振振有词地回答:"小明嫉妒我学习好,身体好。所以,课间他就追我,还朝我扔东西,结果都被我躲开了。他就更嫉妒了,嫉妒我身体灵活。所以,他打我,那我就得反击啊。您和爸爸不是都告诉我要学会自我保护嘛。"力量型性格的孩子通常有个绰号叫"常有理",有理的时候寸步不让,没理的时候也能抢三分。

(3) 和平型性格的岳岳。岳岳刚来找我们训练的时候,我请他先做一个当天的时间计划。六年级的岳岳居然很茫然地看着我,乖乖地说:"我不知道要干什么,您说吧。在我们家,妈妈说干什么就干什么。"我理解这是和平型性格孩子的一个性格缺点,做事没有目标也没有竞争意识,就像大海上漂着的一艘小船,走到哪儿算哪儿。经过引导,岳岳做出了他人生的第一份时间计划。按照他的计划,10时他需要背英语单词。但是到了10时,他还在津津有味地捧着手里的书阅读。我看着墙上的钟表,时间在一分一秒地过去,内心很煎熬。

虽然这时我可以选择冲过去,拿走他手里的书,让他看看时间,然后强迫他去背单词。但是如果我这样去做,那就会和岳岳家里的情境一样——岳岳依然会程序化地背单词,学习没有效率。我和家长都希望孩子逐步培养学习的主动性,否则,目标管理和时间管理对岳岳来说根本就是天方夜谭。所以,我耐心地等着,大脑也在高速运转着:万一岳岳一直不动怎么办?直到10时12分,岳岳终于大梦初醒般地抬头看表,然后手里提着书过来找我说:"露露飞,我要背单词。"

我心里大喜,因为是岳岳自己说的"我要背单词",而不是从我嘴里说的"岳岳,你该背单词了"。于是,我大声地肯定岳岳:"我都忘了叫你,你自己就主动来背单词了,必须加10颗魔币。"

岳岳有些害羞,小声说:"我都六年级了嘛,自己知道。"态度决定效率,经过不断引导、鼓励,岳岳20分钟就记住了当天所有的单词。由于和平型的孩子做什么事总是说行,即使在他不愿意和不擅长的事情嘴上也会说行,但实际开始执行时就会耗时间。这样一来,家长很难判断哪件事孩子是真愿意去做,哪件事他并不愿意做。一个简单的方法可以帮助家长做判断:如果您听到孩子说的是"行",这件事很可能是他愿意做的;如果您听到的是"嗯""行吧",孩子回答得很勉强,这就很可能是他不愿意做的。家长需要先了解孩子擅长做什么,喜欢做什么,不喜欢做什么,怎样可以让孩子愿意做这件事情,让孩子学会主动学习。

(4) 完美型性格的韵魅。完美型性格的韵魅让妈妈非常头疼,9岁的她把妈妈都快折腾"疯"了。妈妈好不容易才说服她去参加一年一度的"迎春杯"数学考试,初试成绩出来后,妈妈觉得战绩不错,韵魅却提不起来精神,蔫头耷脑的,总觉得考得不好。

一天晚上,她跑过来问妈妈:"妈妈,我要是过不了复试怎么办?"

"怎么会?! 70分就能过复试,你都考120分了,肯定没问题。"妈妈觉得很惊讶。

韵魅听了,好像有点信心了。但是没过5分钟,她又跑过来问:"妈妈,我要是过不了复试怎么办?"听了妈妈的鼓励,韵魅依然一脸严肃地点点头,轻轻地走开了。但是事情还没完,当韵魅第5次来找妈妈的时候,妈妈双手抱头,真的开始焦虑了:这孩子怎么回事儿,都跟她说得挺明白了,为什么还会一遍一遍地来找我呢?

妈妈发现,一到重要考试、重要比赛的时候,韵魅的成绩就像过山车一样,起伏很大。我在和韵魅训练的时候,找到了原因:其实韵魅在参加重要考试时非常痛苦。她告诉我,本来她正在答题,突然耳边好像有个声音说:"哎呀,你要考不好可怎么办?"然后她就无法答题,想了一会儿又有一个声音说:"想那些都没有用。张韵魅,答题!"就这样反反复复,越重要的考试越会这样。我理解这是完美型性格的孩子的缺点,对自己不自信,非常在意别人的评价,因为他们太害怕失败了。完美型性格的孩子本来就对自己要求严格,注重结果。他们的大脑中充斥了太多的"应该""必须",例如考试必须考100分、比赛应该拿第一名。完美型性格的孩子最大的敌人其实就是自己,所以,如何让孩子愿意尝试、不再纠结结果就是训练的重点。

"戴面具"的孩子

由于家长不了解孩子的性格类型和孩子所戴的"面具",使家长对孩子的性格判断出现偏差,就会导致在儿童时间管理训练的过程中事倍功半,走很多弯路。通过以下两个真实案例,家长可以对比一下,自己的孩子是否也存在这样的问题。

先看锵锵的案例,锵锵在玩游戏时很有领导能力,他给每一个小同学分配不同的角色,每一个孩子都玩得很高兴。孩子们出现分歧时,他总是能够第一时间跳出来解决问题。锵锵身上有很鲜明的力量型性格,极有目标,具有非凡的领导能力。但是当他写作业,尤其是改数学作业时,面对十几个简单错误就垂头丧气,不知道该怎么下手,要么找不出错误,要么找出来又改错了。不仅如此,锵锵还会找各种客观理由为自己的错误辩解:"那个字太小了,没看见。我那道题是把加减号写错了。"这个时候的锵锵,完全没有玩耍中的自信和自我挑战精神,看起来具备了和平型性格孩子的典型缺点:没有目标,对学习无能为力。

通过锵锵的例子,家长能够看到,锵锵的先天性格主型是力量型。力量型性格的孩子的优点是目标明确、遵守约定和卓越的领导力。这三个优点锵锵在游戏中表现得十分明显,因为他在游戏中体验了太多的成功,所以能越战越勇。但是锵锵一学习就无精打采,是因为他在学习这件事上总是受挫,父母不断地提醒、催促、警告他,他感觉怎么努力都没有办法达到父母的期望。美国心理学家格维尔茨提出过"成功效应",即人通过克服困难后获得成就感,之后就愿意更加努力并取得新的成就,这一点锵锵在游戏中完美地体现了出来。而"失败效应",就是指如果努力总是失败的话,孩子就容易厌学直至放弃所有的努力,就像锵锵在学习中的表现一样。性格不是与生俱来的,而是在一定的气质基础上,在人的活动与社会环境的相互作用下形成的。这就是锵锵在游戏时像个常胜将军,越战越勇,而在写数学作业时却好像戴了个"屡战屡败"的面具一样的原因。

接下来咱们再来看看墨墨。2018年,一个叫墨墨的五年级孩子,参加了豆豆妈妈好习惯训练营。我引导他把学到的时间管理技巧运用到写暑假作业中,以提升写作业的速度和准确度。墨墨交完作业之后,我惊讶地发现他的作业很奇怪,题目要求用生字组词,但是他写的词跟生字本身没有任何关系。我看了半天,才发现他只是从其他题中抄了一些完全不相干的字词,看着满篇都写了,其实写的内容都是错的。10多年来,我见多了孩子不想写作业的"千姿百态",比如愣神儿,半天一字不写,一写作业就喝水、吃水果或上卫生间,敷衍,等等,但是像墨墨这样糊弄作业的,还真没见过!我想这又是一个孩子做得不好、家长下大力气"狼追"并坚决要给孩子扳过来的典型案例。导致的结果却是,孩子干脆糊弄。

当我拿着作业,单独问墨墨怎么回事时,墨墨看了我一眼,有些不好意思,说他写烦了。后来我跟墨墨妈妈说起墨墨的表现,墨墨妈妈满脸恨铁不成钢的表情,恨恨地说:"您说他这个性格,可能随他爸爸的家人了,就知道糊弄。从一年级开始他就不好好写,我一直想给他扳过来,但是,您看,唉……"墨墨妈妈本意是想让孩子有一个好习惯,但是她不了解活泼型性格的孩子说话不算话、粗心、注意力不集中等性格缺点,用"狼追"的方式步步紧逼,反而让孩子养成了磨蹭、糊弄的习惯。

墨墨的案例让我思考了两个问题:第一,孩子的性格和时间管理的关系是什么？第二，时间管理对孩子真的很重要吗？

对于第二个问题，我认为答案是肯定的。因为这些年来，我看到如果孩子的时间管理不好，至少会带来以下三个方面的问题。

首先，亲子冲突。家长抱怨孩子光想着玩儿，不能保质保量完成学习任务；孩子则抱怨家长给他们报的辅导班太多，老师留的作业太多，根本就没时间玩。很多家长表示，孩子玩耍的时候没事儿，一开始学习就出现各种问题。

其次，主动性缺失。主动性缺失是从亲子冲突中发展出来的。主动性缺失换成家长常说的话就是不自觉。孩子不想写作业或者作业写得慢，家长一着急就像狼一样盯着孩子，催着孩子赶紧完成作业。这种情况下，孩子怎么办？他也有对策，他慢慢学会敷衍家长，因为他此时处于被动的地位和角色。我认为孩子可能是这么想的：反正现在我也不能玩了，我先口头答应，然后边写边玩。虽然孩子看起来是在写作业，但孩子的主动性却在这个过程中慢慢消失殆尽。

最后，失败效应。这一点跟前面两点紧密相关。家长数落孩子耗费了大量的学习时间，但是却没有什么成效，同时孩子自己也很沮丧。时间久了就形成恶性循环，孩子在学习上所花的时间、精力与成绩完全不成正比。此即美国心理学家格维尔茨提出的失败效应。

"嫁接"性格，帮助孩子成为更好的自己

不同性格的孩子，磨蹭的表现不一样，造成其磨蹭的原因不一样，因此家长的解决办法当然也不一样。有的家长可能会问："都说江山易改，本性

难移,这还能改得了吗?"答案是肯定的。《情商:为什么情商比智商更重要》(以下简称《情商》)一书的作者——哈佛大学的丹尼尔·戈尔曼博士在其研究中强调:"先天部分对孩子的影响最多不超过20%,换句话说,后天性格则占到80%。这就意味着家长在孩子的后天性格养成方面大有作为。作为家长,我们都希望能了解孩子的优点并且将其保持和发展下去,同时吸收其他性格优点来弥补孩子的性格缺点,从而让孩子发挥整体的性格优势,成为最好的自己。为什么要成为最好的自己?因为每个孩子所具有的能量聚焦、奋力拼搏的精神和行为表现,会让他们享受克服困难后带来的巨大成就感。最终孩子们会不断超越自己,体验精彩丰富的人生。

简而言之,气质是天生的,性格则是后天的。为了让孩子释放更多的能量和时间,建议家长全面掌握4种性格孩子的不同特点及养育方式,以便能够帮助孩子后天嫁接4种性格中的更多美好特质。例如,家长对完美型性格的孩子要强调以终为始,先计划后行动;力量型性格的孩子,家长要教育其不达目标决不轻言放弃;活泼型性格的孩子,家长要培养其团队合作精神和勇于表现自己的心理素质;和平型性格的孩子,要培养其良好的心态和稳定的情绪。那么,对于活泼型性格的孩子来说,养育方式要注重如何发扬他创造性合作、勇于表现自己的优点,同时又能像力量型性格孩子那样目标明确、遵守约定。如果力量型性格孩子能补充和平型性格孩子与世无争、情绪稳定的优点,那么力量型性格孩子的综合素质特别是学习能力将得到非常明显的提升。对于心思缜密、注重细节的完美型性格孩子,如果家长帮他补上力量型性格孩子的行动力、活泼型性格孩子的勇于尝试以及和平型性格孩子的情绪稳定,孩子就能不断超越自己,成为最好的自己。

以我的学生大齐为例。大齐的爸爸发现大齐数学成绩不好,着急给大齐补数学。根据我的经验，家长用的方法不同，结果当然也会有很大的差别。大齐在家做作业时，大齐爸爸说要给孩子讲讲他们复习试卷上的几道填空题。

大齐不想听，于是告诉爸爸说："明天老师还要讲解试卷，不用讲了。"

爸爸要求给大齐再讲几道他做错的题。大齐有些不耐烦了，继续说："爸爸不用讲了，我会了，不就是 70 乘 998 等于 69860 嘛。"

"你只说对了一部分，如果以后解这类题，你可以把 998 当作 1000，再减 140 更好。这么做，又简洁，又不容易出错。"爸爸强调。

"您别给我讲了，明天去学校，老师会给我们讲的。"大齐再次强调。

本来大齐爸爸就压着火，这下恼了，一下就把打印的卷子给撕了，还口不择言，严厉呵斥大齐："你就这么学吧，一瓶不满，半瓶晃荡！就你这样，谁愿意教你啊！"大齐爸爸气坏了，直嚷嚷谁也不许再给他打印卷子了，气呼呼地走了。后来妈妈过来给大齐讲道理，大齐又去给爸爸赔礼道歉。经过这场讲题风波，大齐的大把时间被浪费掉了。眼看快 11 点了，爸爸妈妈只好让大齐上床休息。

当时大齐马上就要小升初了，家长发现用这种方式给孩子补了几年课，不仅数学成绩上不去，而且由于青春期的孩子处于叛逆期，还导致大齐对家长比较抵触。大齐的父母因此找到我，共商对策。当时，我们决定在两个方面共同努力：第一，首先要明确大齐是活泼型性格的孩子，活泼型性格孩子的缺点是自控力弱，虽然有想法但却不愿意付出努力。本来大齐想的是好不容易做完作业可以去玩了，因此大齐在看到爸爸准备给他辅导功课时，就显得非常不耐烦，因为他觉得自己玩的时间被耽误了。活泼型性格孩子对于不想做的事情容易情绪不佳。孩子态度不好，就间接导致父母的容忍度降低，最终大齐爸爸才情绪失控。第二，通过帮助活泼型性格孩子嫁接力量型性格孩子的性格优点的方法，来弥补其不足，也就是说家长和我准备培养大齐的目标感。

于是，大齐爸爸再给孩子补数学的时候，换了一种新的方法。

首先，爸爸利用活泼型性格孩子好为人师、愿意表现自己的特点，郑重其事地告诉大齐，其新课内容对爸爸来说年代久远，已经忘了。所以，爸爸请大齐写完作业之后做爸爸的小老师，在学校学习了之后回家教爸爸，还可以给爸爸出练习题。这下，大齐来了精神，去学校的使命感油然而生，学习更有目标了。他回家后兴致勃勃地当小老师给爸爸讲题，有时他讲错了，爸爸就故意按讲错的知识答题。一对答案，发现做错了，爸爸就请大齐看看书，然后再接着给自己讲课。通过这种方式，大齐逐渐掌握了新学的课程内容。然后，针对大齐自控力弱的问题，爸爸有意训练他的延迟满足能力。爸爸先要告诉大齐：他可以去玩儿，但是得给爸爸讲完题再去。过了一段时间，大齐神秘地告诉爸爸，他发现如果他在课上认真听，回来再给爸爸"讲课"，做题就不容易出错。大齐就这样坚持训练了6个月，现在大齐不仅有了目标意识，而且由于他的数学成绩提高了很多，老师还让他当班里的数学课代表。

4种性格，4种磨蹭

很多家长之所以不能很好地帮助孩子做时间管理，就是因为忽略了孩子的性格差异。不同性格的孩子，其磨蹭行为背后的心理原因是不同的。

活泼型性格孩子磨蹭是因为缺乏自控力，这些孩子虽然保证得都挺好，但就是管不住自己,自控力很差。力量型性格孩子磨蹭则是因为他觉得学习时自己不自由,学习这件事情本身没在他的掌控范围之内,他要挑战老师和家长的权威:"哪能都听你们的呀!"完美型性格孩子磨蹭纯粹是因为太害怕失败了,即使一件事情已经在脑子里演练过无数遍,也迟迟不敢行动,"万一失败了怎么办?"这个念头就像一个紧箍咒牢牢地控制住了完美型性格的孩子。就算好不容易下决心行动了,也会瞻前顾后,走一步退两步,依然无法放手一搏。和平型性格孩子磨蹭的原因,则是因为他们完全没有竞争意识,没有目标。和平型性格孩子就像大海中的一艘小船,漂到哪儿算哪儿,他都能乐在其中。

综上所述,家长了解孩子的性格,对于做好儿童时间管理意义重大。尤其有的孩子和家长的性格完全相反,家长就更需要注意设身处地顾及孩子的感受。否则就像地球人遇到火星人,谁都不懂谁的"语言"。"语言"不通,孩子与父母自然就无法有效沟通,那么再好的时间管理理念又怎么能执行下去呢?接下来的第二章到第五章就会详细解读孩子每一种性格类型的特点及家长如何对这种性格的孩子做时间管理的训练。

第二章
活泼型性格孩子磨蹭的"解药"——自控力

案例分析：上课东张西望的亮亮

针对4种不同性格孩子的不同特点，家长要有针对性地给孩子做时间管理的训练。

一年级的亮亮活泼好动，上课时总是东张西望。根据学校老师的记录，每天8节课，亮亮每节课的平均听课时间只有10分钟，有的课甚至完全不听讲。老师和家长都知道，专心听讲时间越长，听课效率才会越高。亮亮刚来找我进行训练的时候，5分钟不到就会跑出游戏室，转一圈儿再回来。经过1个月的训练后，亮亮的老师反馈，亮亮平均每节课的听课时间已经达到30分钟。他在我们的时间管理训练过程中会告诉我："虽然我现在想出去玩儿，但是不能出去，我得下课以后再去。"之后，他就能继续专注地完成自己的任务。为什么会有这样的变化？这就是自控力在发挥作用。

孩子的自控力是需要训练的。家长一味地给孩子讲道理作用不大。虽然孩子可能明白这些道理，但是能够做到是需要自控力的。当时，我针对亮亮的自控力训练重点有两个措施。

第一，对其进行延迟满足能力训练。当亮亮告诉我他想出去玩的时候，我会告诉孩子下课之后就能去。如果现在出去，可以玩2分钟，如果下课之后再出去就可以玩30分钟，让他自己决定。亮亮的决定是下课之后再出去玩。

第二，目标分解，正向鼓励。虽然孩子选择了下课之后再出去，但是对孩子来说真正做到并不容易，因为他上学前没有做过自控力方面的训练。所以，我和孩子约定，让他挑战自己，在想出去玩的时候先让自己坚持5分钟。在挑战成功之后再延长至10分钟、20分钟，直到最后亮亮整节训练课都能认真听课，不再出去玩。在这个过程中，当孩子有些不想坚持的时候，我会大声肯定孩子："哇，你的自控力太强了！虽然你那么想出去，但每次你都能够控制自己不出去。"孩子受到鼓励之后，也会坚定信心，努力地完成训练课。

联系孩子的4种性格特点，家长就会明白，由于缺乏自控力而磨蹭，是活泼型性格孩子比较常见的一个现象。自控力就是自我控制的能力，即在面对诱惑的时候，自己对自己的控制力。自控力对儿童时间管理来说是非常重要的。

以下两项研究有力地证明了自控力的重要性。

第一项研究是由《情商》一书的作者——哈佛大学心理学博士丹尼尔·戈尔曼提出的,他认为孩子6岁上学之前应该具备7项学习能力:自信心、好奇心、意向性、自控力、关联性、沟通能力和合作性。我重点强调意向性和自控力。意向性,简单来说就是两个字——想学。以学习为例,意向性就是孩子对学习感兴趣,愿意在课上认真听老师讲课,下课后愿意进一步做作业巩固所学的知识。在小学做了多年学生学习习惯的观察后,我觉得学生最重要的能力就是自控力,因为学校是一个需要孩子有强大自控力的地方。无论是孩子自觉听课还是老师强制要求,学生都需要在规定的时间内完成规定的学习任务,这些都以自控力为基础。

第二项研究是一个连续追踪14年的实验,就是心理学上著名的"糖果实验"。实验很简单,20世纪60年代,在美国斯坦福大学幼儿园,实验人员选取一组4岁的小朋友,老师先给小朋友们每人一颗糖,并告诉孩子们他有事儿要离开15分钟。等他回来以后,如果谁没有吃掉这颗糖,就再多给他1颗糖,这样就能得到2颗糖。当然,如果孩子在老师离开期间忍不住把糖吃掉了,他就无法再多得1颗糖了。这个实验的非同寻常之处在于,14年之后,实验人员追踪发现,当年能够坚持等待的孩子,在以下三个方面明显优于那些不能等待的孩子。

第一个方面是他们的抗挫能力更强,遇到困难不轻易放弃。学生在学习的过程中会遇到很多的困难,能不能克服困难并坚持下去至关重要。

第二个方面是他们的专注力更强。

第三个方面是他们的学业成绩更好。当年能够等待的孩子,14年后参加美国的SAT考试(相当于我国的高考),他们的平均分数比那些不能等待的孩子高出210分。

我认为这个实验很容易理解，那就是孩子的抗挫能力和专注力决定了他们的学业成绩，成绩只是外化的结果。这就是为什么很多家长不在乎孩子的学习成绩，但是非常在乎孩子学习态度的重要原因。

自控力对儿童时间管理的影响

自控力对儿童时间管理有以下两个影响。

第一，自控力影响孩子能否有效吸收知识。同样的老师，为什么孩子们吸收知识的程度会有差别？因为孩子的自控力存在差别。孩子的时间和精力都是有限的，他忙着干别的事情，自然就没有时间吸收知识。我每每在培训班里观察到这一点，都感觉非常可惜，在孩子入学前家长没有给其培养好自控力，这就影响了孩子吸收知识的效率。

第二，自控力影响孩子学习时的单位时间效率的高低。有些家长一看孩子不会做题，虽然嘴上抱怨孩子，但晚上回家还是得给孩子补课。需要强调的是，如果家长不去分析孩子学习效率低下的根本原因，从而彻底解决问题，即训练孩子的自控力，那么这种通过补课的补救办法，可能越补效果越差。因为补课是需要时间的，而且家长在辅导孩子时一直盯着孩子，孩子会感觉很累；同时孩子玩的时间就更少了，与此相反，孩子白天在学校该学习的时候没有学习，久而久之，孩子的学习效率自然降低。再加上一个班级那么多孩子，老师不可能监督每一个孩子认真学习。在这种情况下，如何培养自控力就成为家长必须认真考虑的问题。

我曾经在一个小学做教师培训，培训之后有位老师单独找我，说她正为自己刚上七年级的女儿犯愁，因为女儿上课不好好听课，成绩也不理想。我当时和她一起梳理了一下孩子的成长历程。这位老师的女儿上小学时,在妈妈任教的小学上学,在家有妈妈盯着,在学校妈妈就拜托同事盯着。虽然孩子的生理年龄增长了,但是自控力根本没有成长。孩子上了中学,更需要独立学习的能力,自控力的缺失直接影响了孩子独立学习能力的培养。

简而言之,以上两个因磨蹭导致的负面影响,环环相扣,孩子不能有效吸收知识必然会导致其学习效率低下。

4种性格的家长训练活泼型性格孩子

以上谈的都是孩子学习中的共性问题。现在要探讨的是不同性格的孩子遇到不同性格的家长的差异化:活泼型、力量型、完美型和和平型这4种不同性格的家长,如果遇到活泼型性格的孩子,面对孩子有承诺没行动的问题,该如何训练孩子的自控力,让孩子摆脱磨蹭呢?一起了解一下活泼型性格孩子的优点和缺点(见图2-1)。

活泼型性格孩子自画像

豆豆妈妈

优点
- 好奇心、创造力强
- 喜欢表现自己(万众瞩目)
- 可塑性强

缺点
- 缺乏目标感
- 注意力不集中(有广度没深度)
- 凭兴趣做事(责任感弱)
- 有承诺没行动(说话不算数)
- 浮躁,喜欢找捷径

图2-1 活泼型性格孩子的优点和缺点

第一种组合：活泼型性格家长和活泼型性格孩子

这类亲子组合的训练重点是家长的情绪管理。以学生棒棒为例，棒棒妈妈有一天带棒棒来找我，妈妈想训练棒棒的自控力，楼下没办法停车，妈妈把车停在了附近美廉美超市的停车场。孩子下车一看见超市，目标马上转移，要妈妈买面包，并朝着超市的方向奔去。棒棒妈妈眉头一皱，刚要发脾气，但随即她控制住了自己，站在原地没动，做了6次深呼吸。棒棒刚跑了几步，一看妈妈没跟上来，跑回来突然夸张地举起右臂往下一拉，对妈妈说："妈妈，我决定先去找雨露老师上课。我可以饿一小时，我再扛一小时。"棒棒妈妈把这件事写成了孩子的美言录，重点强调了孩子的自控力。棒棒妈妈事后告诉我："我当时很生气，就想如果是雨露老师会怎么做，这样，您平时和我说的一些技巧就都用上了。"

活泼型性格家长与活泼型性格孩子这个亲子组合的特点是双方都比较情绪化，家长和孩子都会因为情绪影响做事的效果。例如，如果家长今天高兴，孩子就特别自由；如果家长今天不高兴，孩子就要遵守各种规则，家长对孩子的管束因家长的情绪好坏而定。在这种状态下，孩子很难养成好习惯。因为好习惯是好行为不断被重复才能形成的，可对于活泼型性格孩子来说，好行为完全看他们的心情。对于活泼型性格家长来说也是如此：我要求你坚持好行为也是因心情而定。活泼型性格孩子特别会察言观色，一直试探家长的底线，所以，常常会听到活泼型的孩子在跟家长不断地讨价还价，因为他发现有时候软磨硬泡对家长有用。这里需要重点强调的是：活泼型性格家长训练活泼型性格孩子的自控力，重点是家长要对自己的情绪进行管理。

第二种组合：力量型性格家长和活泼型性格孩子

这一组合的训练重点是家长引导孩子提出行动方案。以学生妙妙为例，13岁的妙妙总是毫无节制地开空头支票，有承诺没有后续行动，是典型的活泼型性格孩子。妙妙的爸爸正好是力量型性格家长，对妙妙的这种行为头疼不已。期中考试后，妙妙愁眉苦脸地告诉爸爸，自己排名太靠后了，接着一脸正色地说："不行，我必须得把排名提前，怎么也得提到前100名。"妙妙爸爸之前会一针见血地指出孩子的问题，批评孩子"雷声大雨点小"，经过训练后，妙妙爸爸开始循循善诱，引导妙妙："妙妙，爸爸相信你最终能进入前100名。但是千里之行，始于足下。想想看，如果咱们要往前进步1名，哪科有可能提分？"

"就1名？不可能，我期末肯定能进前100名，我有信心！您不相信我？"妙妙一脸诧异。

"我相信你能做到。我只是想问你，如果咱们要往前进步1名，在哪几科上能提分？"爸爸继续引导妙妙。

妙妙这时开始认真思考，然后回答："英语。"

"哦，英语，这确实是你的强项。你打算具体做点儿什么？"爸爸边说边递给妙妙纸和笔，请她写下来。5分钟以后，妙妙的行动方案出炉了：①每天做一篇英语阅读；②上课跟着老师读一遍英语课文。由于行动方案是妙妙自己订的，而且非常具体可行，期末考试妙妙的排名还真的提前了5名。

活泼型性格孩子和力量型性格家长的组合，关键是要克服双方的目标冲突。力量型性格家长非常有目标，总是信心百倍地希望孩子通过各种努力达到一个目标。等这个目标达到之后马上又给孩子设定一个新的目标。然而,活泼型性格孩子最大的问题就是目标感很弱,注意力容易分散。活泼型性格孩子本来非常积极地和力量型性格家长定了一个目标,也信誓旦旦地做了保证,但是在执行的过程中,孩子发现实现目标有难度,于是开始放弃努力或者被别的事情吸引,以致无法实现设定的目标。因此,活泼型性格孩子和力量型性格家长常常会在目标执行上发生冲突。这一组合的训练重点是家长要耐心引导孩子自己提出行动方案,坚持执行并按时完成任务,最终达成目标。

第三种组合:完美型性格家长和活泼型性格孩子

这一组合的训练重点是家长和孩子进行可视化沟通。以学生笑笑为例,上小学四年级的笑笑在吃早饭的时候,要求爸爸下班早点回来,帮他复习数学,并且最后还强调:"我现在在班里都倒数了,这次期末我必须考第一。"爸爸郑重其事地答应了。答应笑笑后,爸爸心里乐开了花:这家伙终于开窍了,知道复习功课了。

笑笑爸爸是个很注重细节的人,为了下班能早点回家,他当天特意开车上班,停车时也将车停在最外侧,工作上还优化了程序以提高效率,从而避免加班。爸爸精心设计工作的每一个流程,直到下班回家才松了一口气,心里想着:儿子应该在书房等我回来帮他复习吧?可是当他到家打开门,却看到笑笑正津津有味地看着动画片,笑笑爸爸的脸色一下子变得有些难看了。笑笑当时根本没注意到爸爸的表情。爸爸沉下声音说:"笑笑,把电视关了吧。"

"爸爸,让我再看一会儿,就一小会儿,求你了,马上就完。"笑笑还央求着说道。

看到儿子这副嬉皮笑脸的样子,笑笑爸爸火了,一个箭步冲过去重重地关上了电视机。笑笑马上像泄了气的皮球,蔫头耷脑地跟在爸爸身后来到书房。爸爸调整了一下自己的情绪开始认真讲题,但是笑笑半个屁股坐在转椅上,垂着头漫不经心。突然客厅传来门铃声,笑笑飞快地蹿出书房打开门,原来是快递员上门送货。回到书房,爸爸把笑笑训了一顿:"我在给你讲题,你就不能专心一点?"

"我就是没听懂。"笑笑吓了一跳,但嘴里还不停地嘀咕。

"我看你也别学了,滚回你的房间去!"听到儿子这样说,爸爸对笑笑吼道。

笑笑吓得逃回自己的房间,爸爸也怒气冲冲地回到卧室。笑笑爸爸越想越气,又折回儿子房间大声咆哮:"你让我早点回来,我各种赶时间,就怕回来得晚。你倒好,回家就看动画片,还装听不懂。我看你也甭上学了,以后谁爱给你复习,谁给你复习!"

笑笑说话不算话,爸爸极度失望而责备孩子的虐心体验,不仅没有加强笑笑的学习自控力,还影响了父子之间的沟通,甚至对亲子关系也造成了一定影响。经过系统训练,笑笑爸爸终于学会了和孩子进行可视化沟通。什么是可视化沟通?具体来说就是请孩子将其和父母的沟通内容写下来,并经过双方确认。周六早晨,吃完早饭的笑笑又向爸爸提出帮他复习英语的请求。爸爸答应后,拿出纸笔,谨慎地说:"可以啊,你5分钟之内在纸上写下要复习哪几个单元,是复习语法还是单词,你需要爸爸具体做什么,考你单词还是给你讲课文的意思,咱们几点开始,你计划学习多长时间,在你自己的房间还是书房,等等,都要写清楚。"

听了爸爸的要求，笑笑也认真起来，略做思考后，写了一张纸条递给爸爸。纸上写着："下午4时开始，在书房复习第3单元到第9单元的单词，需要爸爸给念单词，预计1小时完成。"

由于这次父子之间是可视化沟通，而且复习功课的计划是笑笑自己订的，这样笑笑和爸爸就在开始复习前明确了具体任务和各自的分工。这次，笑笑的学习效率很高，不到1小时就完成了自己确定的学习任务。

在几种亲子性格组合中，活泼型性格孩子与完美型性格家长的组合是极具杀伤力的，因为完美型性格家长的大脑里充满了"应该""必须"这些字眼，而活泼型性格孩子的脑子里则都是意愿为先，是"我想不想"而不是"我应不应该"。

完美型性格的家长，对自己和别人要求都很高，而活泼型性格的孩子，恰恰是做什么事情差不多就行了，不求尽善尽美。完美型的性格，也是一种善于控制他人的性格，完美型父母光是用翻白眼、失望的表情或深深的叹息，就能起到比其他性格的父母说一千句话还管用的效果。他们对孩子的控制过于情绪化，因此，活泼型性格孩子与完美型性格家长这一组合，训练重点是强调家长和孩子进行可视化沟通。

另外，活泼型性格孩子与完美型性格家长在沟通训练的过程中，家长要尽量用有趣的方式强化孩子的自控力，帮助孩子达成目标。以学生美美为例，经过两周的练习，美美的口算技能已经熟练了许多。最近这次作业包括了两部分内容，美美完成第一部分作业以后，就不愿意继续做第二部分作业了，并开始发脾气，嘴里嚷嚷着"我就不做"。美美爸爸之前因为美美拒绝写作业和她已经起过冲突，这次他吸取了教训，不发脾气，而是告诉美美不完成数学作业，就不能换星星表中看动画片的奖励。可是美美根本听不进去，同时用笔往门上乱画。爸爸虽然好言相劝,但美美就是不愿意静下来消除对数学作业的抵触情绪。于是,爸爸拿来一个洋娃娃,假装跟洋娃娃说话,告诉洋娃娃应该怎样做。可能美美发现爸爸这样做很有意思,就也加入进来。爸爸看到美美注意力转移过来,马上夸赞洋娃娃道:"你听得这么认真,我刚讲一遍你就听懂了。"爸爸有意把洋娃娃当作美美,这种夸赞的方式让美美安静了下来。美美慢慢也知道了什么是对和错,最后顺利地以100%的正确率完成了数学作业。

这次对话让美美的爸爸发现,一旦孩子在学习过程中出现问题,家长就不能着急,情绪不能失控。家长可以通过借助玩具进行情景对话的方式,尝试将孩子带入情境,间接与孩子进行沟通,这样也可以缓解孩子的急躁情绪。从美美的案例中,我们可以很清楚地看到一个活泼型性格孩子的最大问题就是做事情有头无尾,遇到困难就绕着走。

两周前,美美在写数学作业的时候稍微遇到一点困难,就不愿意自己动脑筋了,她茫然地坐着听爸爸讲题。两周以后,美美爸爸采用的方法就正好是对活泼型性格孩子非常有效的方法,爸爸假装给洋娃娃讲题。美美觉得好奇就参与进来,而且她觉得爸爸这样很好玩,因此她听得特别认真,情绪好转之后就开始继续写数学作业,美美的数学作业最终达到100%的正确率。

相对来说,活泼型性格孩子是4种性格类型的孩子中比较情绪化的一类,所以他们的成绩经常会忽高忽低,像过山车一样。有的妈妈问活泼型性格孩子:"你今天为什么能考100分,有什么秘诀和妈妈说吗?"活泼型性格孩子可能会大大咧咧地说出一句话,让做家长的心里更是没底儿。比如,他会很随意地说:"我一高兴就考好了。"对此,美美爸爸的总结很到位:陪孩子学习的时候不能发脾气,而是要想办法吸引孩子,让他觉得学习的过程非常有趣,这样才能更好地调动孩子的积极性。

第四种组合:和平型性格家长和活泼型性格孩子

这一亲子组合只有在孩子学习时家长和孩子才会有冲突,其他时候双方会相处得非常愉快。和平型性格家长通常会笑眯眯地看着活泼型性格孩子跑来跑去地逗自己开心。总的来说,和平型性格家长是给孩子压力最小的父母。

他们能够稳定孩子的情绪,随和的性格使他们在多数情况下都是放松、有耐心和稳重的父母,不容易动怒而且能够宽容地接纳孩子,也总是愿意花时间与孩子相处。因此,活泼型性格孩子与和平型性格家长这一组合的训练重点是家长需要温和坚定地帮助孩子强化自控力。

和平型性格家长态度温和,却不够坚定。以学生乐乐为例,本来乐乐和父母要在晚上去听一场动漫音乐会,而且妈妈和乐乐提前商量,如果乐乐晚上想去参加音乐会,那中午就得睡午觉。乐乐愉快地答应了,结果到了中午,乐乐想和邻居家的小朋友玩,告诉妈妈他不困。于是乐乐妈妈就表示晚上不能去听音乐会了。乐乐急着出门,就说:"不去就不去。"可在下午回家的路上,乐乐反悔了,又说特别想去听音乐会。妈妈说:"中午不是都说好了吗?要说话算数啊……"乐乐不停地软磨硬泡,妈妈最终还是答应了。

事后,乐乐妈妈很后悔自己在孩子面前妥协了,而且孩子说话不算数的问题也越来越严重。为了训练乐乐的自控力,乐乐妈妈改变了方法。十几天后的一个周五,乐乐的班级要组织春游,乐乐在周四下午放学回来后却不想写作业,而是想直接去超市买第二天要用的东西。乐乐这次和以前一样,信誓旦旦地保证从超市回来之后就写作业。妈妈告诉乐乐:能去超市,但是需要先写完作业。乐乐故伎重演,不断央求妈妈。乐乐妈妈这次没有像以前一样,唠叨乐乐每次说话不算数之后选择妥协,而是指着墙上的钟表,用非常坚定的语气告诉乐乐:"咱们最晚 7 时 30 分出门,没写完就不去了。你写完作业,咱们马上走。你写得越快,咱们在超市待的时间就越长。"乐乐几次央求,妈妈只是重复刚才的话。当乐乐发现妈妈的态度是认真的时候,用 40 分钟就写完了所有的作业。

第三章
力量型性格孩子磨蹭的"解药"——自主性

"自主"指自己做主,具体来说就是指人遇事有主见,能对自己的行为负责。自主不仅是人的一项权利,更是一种能力。世界上大多数的爱都以聚合为目的,亲子之间的爱却以分离为目的,孩子越自主、独立,家长越成功!一句话概括——父母之爱是一场体面的退出。当然,对于想要掌控一切的力量型性格家长来说,不控制孩子确实是一个不小的挑战。然而,对于力量型性格孩子来说,自主是他们非常看重的一项权利。

为什么家长需要将自主安排学习和生活时间的权利交给孩子?很简单,自主才能自立,自主的孩子做事才有动力和效率!很多家长不是不想让孩子自主,而是担心孩子达不到目标。针对自主性,训练重点是目标管理。

案例分析:誓死不上英语课的蔡逍遥

下面我们通过一个真实的故事了解为什么孩子感觉不自由、不能自主

安排时间会造成磨蹭。

我的一位学生蔡逍遥的妈妈有一天和蔡逍遥发生了冲突,妈妈准备带孩子去上英语课,孩子不想去。

虽然妈妈有些不满,但起初还是耐心地给他讲道理:"你去试听了两次,你同意我才给你报名。哪能说不去就不去呢?"

孩子根本不为所动,坚持不去。妈妈看了一眼时间,再不出门就迟到了,但是孩子又非常坚决,一点儿商量的余地都没有。妈妈急了,一怒之下说:"我就不信了,怎么还不能把你给弄上车。"

"我到那儿就不下车。"蔡逍遥更是没含糊,张口就嚷。

"那我,我……我就把你扛上二楼教室。"这下可把蔡妈妈气坏了,说话都结巴了。

接下来,儿子丢下一句话彻底让妈妈打消了送他去上英语课的念头。

"我坐那儿直接把耳朵堵上!"儿子狠狠地说。

母子俩对峙了1小时,最后以双方都不高兴而告终。

蔡逍遥的妈妈向我求助,我先问了她为什么要让孩子上英语课。蔡妈妈说孩子上英语班确实对提升英语成绩有促进作用。我又问:"要达到促进英语成绩这个目标,除了上英语课以外,是否还有别的办法?"蔡妈妈想了想,表示通过每天听1小时的英语听力练习也能达到这个目的。但是孩子根本不愿意听英语听力练习,他觉得太枯燥了。为此,我建议蔡妈妈回去告诉孩子,他有两个选择:要么每天听1小时英语听力练习,要么去上英语口语课,让孩子自己做决定。让蔡妈妈感到非常意外的是,当让孩子做选择时,孩子居然选择了每天听1小时英语听力练习。蔡妈妈又来找我,表示虽然孩子每天都听1小时英语听力练习,但她还是想让孩子去上英语课。我告诉蔡妈妈再观察一周,之后根据孩子的情况再做决定。结果一周后,蔡妈妈告诉我,孩子主动说他要去上英语课——听英语听力练习太烦了,他决定去上英语课。

从这个案例中,可以清楚地看到蔡逍遥是个很典型的力量型性格孩子,他目标很明确,他不想去上课外班,妈妈坚持让他去的时候,他就开始和妈妈斗狠,摆明一副我不想干的事情谁说也没用的架势。和其他性格的孩子不同,力量型性格孩子要掌控一切,当然包括自己的时间。所以,对他们而言,拖延不是目的,目的是和家长对抗、争取权利,他们争取的是能够安排自己时间的权利。

因此,孩子感觉不自由、不能自主安排时间而磨蹭,对于力量型性格孩子来说是比较常见的一个原因。

争取权利这个概念,对于有的家长来说可能有些陌生,需要详细解释一下。每个孩子做事都是有目的的,如果家长不了解孩子的行为目的,很多情况下就无法理解孩子为什么要这样做。如果家长不理解孩子的行为,就很容易发生冲突,更重要的是,很难对症下药帮孩子解决他的错误行为。

12岁之前的孩子有4种行为目的:吸引注意、争取权利、报复、自暴自弃。

这4种行为目的会随着冲突升级而逐层升级,当然,如果家长及时意识到孩子的行为目的并采取有效措施后,行为目的就不会继续升级,孩子就不会浪费更多的时间用来对抗。因此孩子的众多错误行为就像多米诺骨牌一样,如果在源头上没有有效制止和纠正,后面的错误行为自然就会源源不断。

在力量型性格孩子蔡逍遥的案例中,蔡逍遥同学最早的行为目的只是获得注意,他告诉妈妈自己不想去上课了。妈妈之前因为不了解孩子的行为目的,所以,她在感觉不舒服、不耐烦的时候并没有意识到孩子此时是想获得关注,当然也就没有采取相应的措施。

蔡逍遥妈妈的这种不耐烦情绪,孩子是能够感受得到的,情绪是会相互传染的。因此,孩子就进一步挑衅,坚持不去上课。此时,孩子的行为目的已经从获得注意升级到争取权利。孩子的行为目的升级后,母子间的冲突也升级了,此时场面变得有些失控,蔡逍遥妈妈的情绪也已经从不耐烦到愤怒了。

虽然蔡逍遥妈妈当时不知道孩子"争取权利"的行为目的,没有采取相应的措施,但是她做得最正确的一件事就是没有强制送孩子去上英语课,否则孩子的行为目的将会升级到"报复"。也就是说,孩子到了上课地点就会把耳朵"关上",让家长伤心、难过。蔡逍遥妈妈不仅当天没有强制送孩子去上英语课,让冲突升级,还在事后寻求专业人士的建议。蔡妈妈在了解了孩子的行为目的后,采取有效措施,给孩子选择权,让他自己做决定。这样做的结果是母子双方都找到了一个比较满意的方案,孩子和家长之间不用为亲子冲突浪费时间,因此,孩子学习英语的效率大大提高了。

简而言之,既然提高英语成绩这个目标有多条路径可以实现,与其让力量型性格孩子没有选择,孩子因直接对抗以致浪费时间,不如根据家长想促进孩子英语学习的目标,给孩子两个选择,让他有安排自己时间的自主权利。虽然孩子最后还是放弃了英语听力练习,但是当他再去上英语课的时候,学习的积极性和效率是不一样的,因为他会感觉这是他自己做的决定。

4种性格的家长训练力量型性格孩子

以上谈的都是力量型性格孩子的一些共性问题,接下来要分享的是个性化的训练——4种不同性格的家长面对感觉不自由的力量型性格孩子,如何训练其自主性,帮助其战胜磨蹭。在训练之前,先了解一下力量型性格孩子的优点和缺点(见图3-1)。

力量型性格孩子自画像

豆豆妈妈

优点
- 有主见
- 行动力强
- 有目标感(不达目的不罢休)
- 遵守约定(行为结果需要提前约定)

缺点
- 有强烈的控制欲望(听我的)
- 逆反(总是说不)
- 我行我素(团队合作,少为他人考虑)
- 有时为达目标,不择手段

图 3-1　力量型性格孩子的优点和缺点

第一种组合:活泼型性格家长和力量型性格孩子

活泼型性格家长训练力量型性格孩子的自主性的训练重点是:给孩子选择权,让孩子自己做决定。以学生瑞瑞为例,某天晚上瑞瑞把所有要写的作业都拿出来,摊了满满一桌。瑞瑞先拿出她最爱写的数学作业,正在准备开始写的时候,她突然发现把笔袋落在教室的座位上了,于是她就不打算写了。瑞瑞先告诉妈妈说那个笔袋她特别喜欢。妈妈说:"笔袋是不会丢的,我去问问老师,老师会收好,下次上课去取就行了。"

"可第二天上课没有笔了。"瑞瑞又说。

"家里备用的笔和笔袋都有,你需要什么笔,咱们肯定能凑出来,不行的话去楼下小卖部也能买到。"妈妈坚持说道。

"我去找别的同学借笔用。"瑞瑞态度很坚决。

"家里有,干吗要去借?多不方便呀。"妈妈很诧异,问道。

瑞瑞接着又说家里的笔袋没有她喜欢的蓝色,反正就是种种不如意,说话的态度坚决,同时也极其不友好。妈妈开始时还面带笑容,觉得瑞瑞只是为了不做作业找借口,耍点小情绪也正常。然而,随着瑞瑞的话越来越带有攻击性,火药味儿十足,妈妈也大怒,冲着瑞瑞嚷起来:"你以后别管我叫妈,我没有你这样的孩子。"可她说完后自己也很后悔。

当天晚上,母女俩自然都很不开心。妈妈内心十分崩溃,觉得孩子这种稍不如意就无理取闹的行为需要矫正。此后几天接二连三的亲子冲突让妈妈觉得已经到了必须做出改变的时候了,否则,不仅浪费时间,破坏亲子关系,而且还会导致恶性循环,不利于孩子的成长。因此,瑞瑞妈妈向我求助。我对瑞瑞妈妈的建议有两个。

第一,妈妈要做好自我情绪管理,"一离二吸三凉水"。具体来说就是如果妈妈已经感觉自己生气了,先离开孩子,给自己几分钟时间调整情绪。当然,如果不行,可以做5~6个深呼吸。如果还有问题,可以用凉水洗把脸,让自己平静下来后再执行第二个建议。

第二,给孩子选择权,让孩子自己做决定。即明确告知孩子她有两个选择,要么现在从抽屉里随便找一支笔开始写作业,要么从抽屉里挑她最喜欢的蓝色笔写作业,让她做决定。如果瑞瑞两个都不选,此时妈妈最需要做的事情就是做两个深呼吸,之后面带微笑地告诉瑞瑞,让她再想想,如果1分钟后还是不做选择,那么就由妈妈帮她做决定,那就是随便找一支笔开始写作业。

活泼型性格家长和力量型性格孩子亲子组合的特点是孩子非常强势,经常挑战家长的权威。例如,力量型性格孩子会质疑家长:凭什么呀?为什么你们说什么就是什么?活泼型性格家长对孩子的态度则是依心情而定,如果当天心情很好,会由着孩子任性胡闹;如果当天心情不好,家长的情绪没控制好,就逐步升级为亲子冲突了。而且活泼型性格家长的目标感不强,很容易在与孩子的互动中偏离主题,开始为其他与主题无关的小事教训孩子。活泼型性格家长有个特点是认错态度特别好,在和我沟通的时候,活泼型性格家长都是主动先认错,承认自己确实不应该对孩子发火。但下次遇到类似的情况,这些家长通常还是会重蹈覆辙。

第二种组合:力量型性格家长和力量型性格孩子

力量型性格家长训练力量型性格孩子自主性的训练重点是:要事优先。以学生强强为例,开学第一天早上,强强爸爸为了让强强尽快脱离假期的懒散状态,告诉还躺在床上的强强:"咱们今天时间富裕,一会儿上学之前你先去楼下跳500个跳绳。"强强问为什么,爸爸强调说是为了锻炼身体。强强勉强答应,希望跳100个就可以了。但爸爸坚持强强要跳够500个,不然达不到锻炼目的。强强一听急了,一气之下说一个都不跳。爸爸也急了,强迫孩子跳了500个。上学的路上,父子俩谁也不理谁。

结果在11时的时候,老师给强强爸爸打电话,反映强强在课上画画,不专心听讲,老师三番五次提醒也不管用,后来老师没收了强强的画笔,强强就大吵大闹,非追着老师要笔,老师不得不让家长赶快去接孩子。强强爸爸在接孩子之前,先给我打了一个电话,咨询我他一会儿把孩子接回家应该采取什么态度。我们详细沟通之后,强强爸爸才意识到:为了让孩子锻炼身体强迫他跳绳,孩子因为不高兴,才到学校发泄情绪,耽误了学习的正事。所以,为了避免类似情况再次出现,强强爸爸决定要事优先,在孩子去上学之前给孩子一个愉快的心情更为重要,因为这决定了孩子在学校吸收知识的效率。

力量型性格孩子和力量型性格家长的组合特点用一句话概括就是:双方都想当老大。力量型性格家长觉得谁都得听自己的,更何况孩子听家长的话更是天经地义。所以,当受到力量型性格孩子的挑战后,力量型性格家长自然会想尽一切办法灭掉孩子的威风,让孩子俯首帖耳。关键的问题是,在这样的强压下,力量型性格孩子感受到的只会是"你比我强,我得听你的"。但是到了学校,老师以说教为主,不可能像力量型性格家长一样凡事用简单粗暴的方法解决问题,因此,孩子不会听从老师的管教,相反会以各种方式挑战老师的权威。这时,孩子在学校的行为最终就会演变为恶性循环:老师无法让孩子在校认真学习并遵守学校秩序时,就要向家长求助,家长在家继续使用原来的方法让孩子就范。孩子可能因为害怕,就答应家长要在学校好好表现,但是口服心不服,到了学校再把自己在家受到的委屈宣泄出来。老师看到孩子的行为不得不再找家长……这就导致孩子的行为陷入了恶性循环。

第三种组合：完美型性格家长和力量型性格孩子

完美型性格家长训练力量型性格孩子自主性的训练重点是：避免说"不"。以学生壮壮为例，一天下午，壮壮在写语文作业，最后一项作业是读熟一篇诗歌。壮壮爸爸非常负责任，每天下班到家之后顾不上喝水，就先一头扎进壮壮的书房，查看孩子每天要写的家庭作业。所以，当壮壮准备做诗歌作业时，爸爸就知道这篇诗歌中有几个字壮壮还没有学过。壮壮爸爸率先开口说："我知道有几个字你们还没学，没关系，爸爸来教你。来，跟我读：'南方的孩子到郊外采集野花……'"

可是，爸爸没想到壮壮故意把"郊"读成"桥"。爸爸轻轻叹了一口气，还是先让壮壮继续读下去。读完后，爸爸严肃地告诉壮壮必须再把诗读一遍，直到读准为止，正确的读法是"南方的孩子到郊外采集野花"，而不是"到桥外采集野花"。结果不管爸爸怎么说都说不通，壮壮就是不改读音，还从凳子上一跃而起，穿着鞋跳到沙发上，并大声向爸爸示威："就念'桥'，我们老师说了就念'桥'。你念错了，我今天还就不读了。"

"谁说念'桥'，明明就念'郊，郊外'。这是新课，你们还没学呢，老师怎么会教你们这个字怎么读。"爸爸听了火冒三丈，和壮壮争了起来。

"你怎么知道我们老师没教？就念'桥'。"壮壮继续穿着鞋在沙发上蹦来蹦去，两眼圆睁瞪着爸爸。

"赶紧下来，你看你穿着鞋在沙发上跳，成什么体统？谁家孩子穿着鞋在沙发上跳？语文作业就剩这最后一项了，赶紧过来好好读。"爸爸冷冷地盯着壮壮，声音低沉地说。

"就不读。"壮壮的倔脾气也上来了,对爸爸大声吼道。

"过来,听见没有?"壮壮爸爸眼见说服不了儿子,有些着急,开始大声嚷嚷道。

"就不读。"壮壮对脸色明显有些发青的爸爸视而不见,继续较劲儿。

"过来,你应该读。"壮壮爸爸呵斥道。

"就不读。"壮壮却还在坚持。

时间就这样在无谓的争执中耗没了。

为了避免再次出现白白浪费时间的情况,壮壮爸爸来找我共同商量对策。最终,我们得出结论:非原则性问题,例如安全问题,家长需要避免和孩子说"不"。否则,容易激起力量型性格孩子好斗的一面,他们会想:"这也不行,那也不行,那等你让我做事情的时候,我也和你说不。"所以,当完美型性格家长在和力量型性格孩子各执一词的时候,家长要适当示弱,可以这样说:"也许你是对的,这个字爸爸念得也不一定对,这样,咱们一起去查字典吧,看看这个字的拼音到底是什么。也许查了以后发现念'桥',爸爸要向你学习。"

力量型性格孩子和完美型性格家长这一组合的特点是力量型性格孩子想自己说了算,所以,会不断挑战家长的权威,而完美型性格家长不断地想用"应该""必须"等口吻来控制力量型的孩子,所以这一亲子组合常常会冲突不断。

第四种组合:和平型性格家长和力量型性格孩子

和平型性格家长训练力量型性格孩子自主性的训练重点是:让孩子承担相应行为的结果。以学生当当为例,当当周五晚上邀请了 3 个同学来家里做客,他们一起玩得非常开心。送走班上的同学,周六下午妈妈就马不停蹄地送当当去上英文课和钢琴课了。为什么这么急呢?因为周日一早妈妈还要去接当当航模课的两个小伙伴到家里做客。周日送走两个小伙伴后,妈妈在回家路上就提醒当当:"你回家快点吃饭,赶紧把作业写了,可以早点睡觉。"

"不用说了,我就剩一点儿语文作业了。我都四年级了,我知道自己该干什么不该干什么。"当当不耐烦地回应道。

"你看看,我就不该答应你在这个周末又约同学又约航模课的小伙伴,太赶了!"妈妈仍然自顾自地说着。

晚上吃饭的时候,妈妈一看当当一脸的疲倦,于是就催促他做作业的时候效率高点,这样做完作业就能早点休息了。当当回了一句:"您明天帮我跟学校请半天假,我得在家补作业。作业没写完怎么能去上学呢?"

"那怎么可以,你都放了3天假了,该玩的也玩了,该上学就得上学,怎么能因为玩累了就请假?"妈妈听了之后耐着性子苦口婆心地劝当当。

"我今天不能写作业,我太累了。明天上午在家补作业,没写完作业不能去上学。"当当霸道地说道,说完就转身回了自己的房间。

"你让妈妈做的事情,妈妈都做了,你答应吃完饭就会写作业的。妈妈相信你一定会说话算话。"妈妈来到当当的房间继续耐心地劝说当当。

妈妈说了半小时没停嘴。最后,当当一跃而起,直接光脚从床上跳下来,大声对妈妈说:"行了行了,别说了,我写就行了。我是说要写作业,我现在就写。"当当说到做到,10分钟就搞定了所有的语文作业。他快速地把作业装回书包。就在妈妈刚要把悬着的心放下的时候,当当接下来说的一句话迅速让妈妈又担心起来。当当说:"妈妈,您和老师请假吧,我明天休息半天。"

"作业写完了,你不就可以去上学了吗?"妈妈困惑地问道。

"我累了,所以得休息。休息不好,上学也不能好好听课。"当当马上回答。

为了避免玩累了就不上学的事情再次发生,我给当当妈妈的建议是让孩子承担相应的行为结果。也就是说,力量型性格孩子可能会告诉家长,就算自己在一个周末约两拨儿同学玩儿,也不影响他周一上课。此时,要让孩子做出选择,是请同班同学还是航模班同学,让孩子二选一。如果孩子情绪非常激动,强调自己是超人,肯定不会影响上学。遇到这种情况,就请家长和孩子提前约定具体的行为结果,例如,家长要告诉孩子,相信他能跟两拨儿同学玩又不影响周一上课,但要表达自己的担心。同时告诉孩子,如果他可以完成作业并且在周一能按时起床上学,老师也反映他周一上课状态很好,那就没问题。如果三个任务有一个没有完成,那下次就必须严格执行一个周末只能选择一拨儿同学来家里玩的规定。

力量型性格孩子与和平型性格家长的组合的特点是家长唠唠叨叨,孩子烦不胜烦。力量型性格家长用权力控制孩子,活泼型性格家长用情绪控制孩子,完美型性格家长对孩子过分要求,和平型性格家长则是用唠叨、不断重复同一观点让孩子反感和厌烦。力量型性格孩子可能最后把事情做了,只是因为他们不胜其烦。我们有的时候开玩笑:力量型性格孩子有点像孙悟空,只要被唠唠叨叨的唐僧式父母戴上紧箍儿就得开始干活了。

第四章
完美型性格孩子磨蹭的"解药"——不怕失败

孩子为什么会因为怕失败而一拖再拖？怕失败背后的深层次原因到底是什么？答案是：孩子复原力弱，无法接受万一失败的结果。复原力即"resilience"，也被译为"心理韧性"，是指个体在面对逆境、创伤、悲剧、威胁或其他重大压力时的良好适应过程，也就是对困难经历的反弹能力。

每个孩子都有复原力，就如同每个人都有智商一样，区别在于有的孩子复原力强，有的孩子复原力弱。复原力弱的孩子很容易被挫折击垮，例如有些孩子畏难，拖延，遇到不会的题绕着走或者不去上学，回避学习的责任，等等。复原力强的孩子则拥有3个明显特征：冷静接受眼前的事实；在困难面前，依然能找到意义；有惊人的临时应变能力，擅长利用身边的一切资源。正如我的一位学生在内驱力训练后的感悟中所言："我们每个人都会犯错，犯错了，用橡皮擦掉再写。"

案例分析：不想参加 PET 考试的阳阳

为什么孩子的复原力弱、害怕失败会造成磨蹭呢？以学生阳阳为例，某天下午，我还在休假的时候，阳阳妈妈就在微信里和我约见面时间，言称"十万火急，越快越好"！见面后，阳阳妈妈直接说明了孩子的问题：阳阳 11 岁，上五年级，父母从 3 月份开始让阳阳参加 PET 考试（剑桥通用英语考试），尽管妈妈一再强调重在参与，不在乎成绩，但是阳阳就是拖着不准备，一会儿说太难了，一会儿又说自己的英语不好，言外之意就是不想去。还有两个月就考试了，阳阳妈妈很着急，不知道该怎么办。因为以前发生过孩子在考场外默默流泪的情况，所以，阳阳妈妈知道像小时候那样把阳阳硬推进教室是没有用的。但经过 5 次辅导训练后，阳阳不仅决定参加考试，而且还能积极备战，紧张地投入各种准备工作中。最终，阳阳以优秀成绩通过考试。阳阳为什么会有这样的变化？

为了训练阳阳的复原力，当时我和阳阳妈妈对阳阳的辅导确立了以下 3 个重点任务。

（1）找原因。这是最重要的一步，我们需要找出阳阳不想去参加考试的原因。经过引导，阳阳终于和我说出了心里话。阳阳表示，如果他考了高分，妈妈就会很高兴；如果他考得不好，妈妈虽然嘴上会说"没关系，下次努力"的话，但妈妈脸上就明显没有表情了，有的时候，她还会在转身时，轻轻地叹一口气。所以，阳阳不想去参加考试，这样谁也不知道他能考多少分了。

（2）10∶1训练。通过游戏中的3步引导法，让孩子体验过程比结果更重要，从而愿意接受新的尝试。

第一步，"来，阳阳，咱们一起玩一个游戏。"完美型的阳阳面露难色道："什么游戏啊？我不会。""不知道是什么游戏已经决定要尝试了，我要给你10个魔币。非常勇敢。"

第二步，在游戏过程中，发现孩子脸上又有些畏难情绪的时候，马上鼓励阳阳："遇到困难，我以为你要放弃，不玩了，但是你还在坚持。为你的坚持，也必须再给你10个魔币！一会儿你赢了，再给你1个魔币。"

第三步，游戏结束后，阳阳赢了，我按照之前的约定，只给1个魔币而且有意不强调输赢。

（3）焦虑调试。考前三天，通过意向训练，了解阳阳模拟考前和考中会出现的紧张情绪，给出应对措施。在和阳阳深入沟通后，我们发现阳阳通常会在老师发试卷时和考试中间紧张。因此，我们提前演练紧张调试程序。然而，对多数孩子有效的"青蛙呼吸法"（腹式呼吸）对阳阳却不起作用。于是我及时调整，引导阳阳找到自己的办法：紧张的时候，用手去摸考试当天会穿的毛衣胸前的毛球儿，三下就好。

阳阳对自己要求很高，一出手就必须做到最好，否则，就不让事情开始。因为他不确定PET考试的成绩到底怎样，所以，就一直找各种客观理由拖着。这样，将来就算考砸了，他也可以为失败找一个理由：我要是早点儿准备就好了。否则，他自己心里的那道坎儿根本就过不去：因为我必须是完美的，不能有任何失误。

阳阳为什么会有这样的想法呢？在和阳阳妈妈的沟通中我找到了答

案:阳阳妈妈在考试结束后肯定会问阳阳班里有几个人考了100分;即使阳阳考了99分,阳阳妈妈也会先问这1分是怎么丢的?从而忽略了孩子考99分的成功经验。

接下来我和阳阳做10:1训练的重要目的在于让孩子开始行动,而非不停地在大脑中给自己设限:万一考不好,我可怎么办?而且,在我们的训练过程中同时配合使用三步引导法,鼓励阳阳继续尝试和努力。只有当孩子实际体会到过程中自己会拿到10,结果反而是1的情况下,孩子才会重过程、轻结果,才会愿意尝试。对比而言,阳阳妈妈告诉孩子重在参与,但是孩子的实际体验却恰好相反,考不好的时候,妈妈的故作平静和不易察觉的唉声叹气,都影响了阳阳的积极心态。孩子是听家长所说还是看家长所做呢?不得不说,完美型性格孩子是4种性格类型中最敏感的,他们可以感受、捕捉到太多细节。

坦率地讲,我的工作经验是:只要完美型性格孩子的注意力开始聚焦过程,结果通常都不会太差。为什么呢?因为完美型性格孩子有很强的专注力和注重细节的能力。

家长急就急在完美型性格孩子不去行动,而且即使他们付诸行动,过程中也老是分心做不好。问题的关键是,日常学习生活中,孩子的这种表现还不那么明显,但是,越到重要的考试和比赛,这种情况就越容易出现,这让家长心里特别没底。

我给阳阳辅导的最后一个环节是焦虑调试。孩子的焦虑情绪是真实存在的,家长需要尊重孩子的焦虑情绪,提前和孩子找出应对焦虑情绪的办法并进行演练,而非只是对孩子强调不要紧张。情绪管理真的是挺难的一件事儿,家长不可能通过说一句"别紧张",就像太上老君一样挥挥手里的拂尘就能赶走孩子内心的焦虑。

4种性格的家长训练完美型性格孩子

以上都是完美型性格孩子所具有的一些共性问题。以下探讨4种不同性格类型的家长在面对怕失败的完美型性格孩子时如何训练其复原力,帮助其战胜磨蹭。完美型性格孩子的优点和缺点如图4-1所示。

完美型性格孩子自画像

豆豆妈妈

优点
- 认真谨慎
- 注重细节,追求完美
- 自律性强

缺点
- 自信心不足
- 想得多,做得少
- 不敢尝试,做之前给自己设置很多障碍
- 敏感(心理容易受伤、过分在意评价)
- 变通性差("固执")

图4-1 完美型性格孩子的优点和缺点

第一种组合:活泼型性格家长和完美型性格孩子

活泼型性格家长提高完美型性格孩子复原力的训练重点是:尊重情绪、过程导向和强化自信心。

以学生宁宁为例,13岁的宁宁是北京某重点中学七年级的学生。小学阶段,宁宁爸爸和妈妈对孩子非常满意,从来没有为孩子的学习操过什么心。因为宁宁非常自律,对自己要求很高,总是能够上课认真听讲,下课用心完成作业。然而,自打宁宁上了初中以后,正在上班的爸爸时不时地会被老师叫到学校,说孩子肚子疼,无法上课。宁宁的爸爸妈妈非常着急,带孩子遍访名医,然而,所有医生的检查结果都说孩子生理上没有任何问题。我在与宁宁和家长深入沟通后,终于揭开了谜底。

首先,宁宁是一个完美型性格孩子。他在小学阶段一直都是尖子生,次次考试都是年级前三名。然而,上了重点中学之后,周围同学都是各学校名列前茅的学生,宁宁无法像以前一样,考到前三。

其次,过高的心理压力和较高频率的各种考试让复原力弱的宁宁苦不堪言,因此,每次考试之前,孩子都会哭丧着脸问爸爸:"万一考不好怎么办?"爸爸每次都说:"不要紧,就是一次考试。考不好,咱们下次再努力。"对于神经大条的活泼型性格的爸爸来说,他更在意的是孩子做新的尝试,重在参与,所以,活泼型性格的爸爸无法理解孩子的担心和纠结。

最后,内心焦虑、无处安放的宁宁开始无来由地肚子疼。我试着从孩子的角度分析宁宁潜意识层面的想法:我这次没考好,是因为肚子疼。要不是肚子疼,成绩会更好。完美型性格孩子对自己的要求很高,他们想的是我必须完美,得考第一名;同时,更让他们纠结的是:万一没考第一,失败了怎么办?

因此,为了帮助活泼型性格家长训练完美型性格孩子的复原力,我针对宁宁的情况给家长提三个辅导建议。

(1)尊重情绪。虽然活泼型性格家长很难理解完美型性格孩子的负面情绪,如纠结和不高兴,但是,存在的就是合理的,所以,家长需要积极倾听和接纳孩子的负面情绪。通常来说,完美型性格孩子比较脆弱,敏感,缺乏安全感,他们的情绪非常容易波动。这一类型的孩子天性如此,所以,请家长尊重他们的负面情绪。

(2)过程导向。完美型性格孩子很聪明,是高标准并自我要求严格的好学生,所以极少需要别人的监督。他们对结果已经看得很重,所以,家长就需要重视孩子努力的过程而不是结果本身。家长告诉孩子自己不在乎成绩,但当发现孩子成绩(结果)不够理想,就淡淡地说"行""挺好的",而看到孩子100分的成绩时就马上眉飞色舞。当家长给了孩子这样的反馈之后,完美型性格孩子就会觉得家长不满意,他还会为了追求完美的结果而不断纠结,最终当然会把本来应该用来全力以赴专心做事的能量浪费一部分在纠结中。在现实生活中,美好的愿望与现实之间,本来就存在很大差距,这是完美型性格孩子首先要了解的事实。只有了解并接受这一事实,他才有可能学会去接纳一个不那么完美的自己。因此,家长应该帮助完美型性格孩子增强承受失败的能力。

(3)强化自信心。完美型性格孩子比较缺乏自信心。所以请家长切记:给孩子多一些鼓励,少一些苛责。具体来说,家长可以每天都将孩子的好行为记录下来并在孩子睡觉前读给孩子听。如:"周末的作业很多,但是你都提前计划、合理安排。""22时开始语文名著复习,看着你全神贯注地学习,让我想起你绘画、手工时的样子,你专心做事,真好!"假以时日,孩子的自信心就会增强,孩子也才会愿意努力去做更多尝试。

第二种组合:力量型性格家长和完美型性格孩子

力量型性格家长与完美型性格孩子的组合充满了斗争,因为力量型性格家长想控制一切,但是完美型性格孩子也非常有自己的主见。当力量型性格家长希望孩子能够按自己的要求去做,而完美型性格孩子早已经有了自己的计划,会选择消极对抗力量型性格家长的命令。对于急性子的力量型性格家长来说,孩子有自己的想法可以,但是孩子要说出来。然而,完美型性格孩子已经尝试过多次,他们发现把自己的想法说出来也没有用,因为力量型性格家长一定有成千上万个理由试图说服孩子改变自己的想法。所以,完美型性格孩子既不明说自己的想法也不执行力量型性格家长的指令。

以学生樊登为例,因为周六一早要去一家儿童科学俱乐部上实验体验课,7岁的樊登非常自律,自己在闹钟还没响之前就醒了。自己起床,穿好衣服,刷牙洗脸都完成后,就等着妈妈做好早饭带他去上课了。当樊登拿了一本书坐下来看的时候,发现妈妈爸爸的卧室门还没开。他失望地轻轻叹了一口气,继续看书。墙上的闹钟指向7时10分的时候,妈妈一边嘴里念叨着"坏了坏了,要迟到了",一边趿拉着拖鞋从卧室里跟跟跄跄地走出来。

爸爸听妈妈说要迟到了,马上像弹簧一样从床上蹦起来,又跳下床,嘴上训着妈妈:"你就是没有责任心,昨天说好了今天早上你给孩子做早饭,送他去上体验课,你看看这都几点了,你还不如孩子呢?"爸爸边说边从冰箱里快速地翻出面包和酸奶,然后拉着樊登就出门了,父子俩身后站着的是满脸内疚的妈妈。

为了赶时间,爸爸开车很快,一路上父子俩都很沉默。到了科学儿童俱乐部的大门时,樊登一直低着头跟在爸爸身后,一言不发。当父子俩到了教室门口要脱鞋进门时,樊登却怎么都不进去,就靠在门上。爸爸问他原因,他也不肯说。爸爸再问愿不愿意上课时,他点头表示愿意。可等爸爸让他进门换鞋时,他却怎么也不肯,就是不进门,好几个老师过来劝也不行。这样的状态一直持续了6～7分钟。急脾气的爸爸气坏了,觉得非常没面子,关键是还没搞清楚原因。几个大人轮番去问,最后樊登才不情愿地、声音低得像蚊子一样说自己不愿意换拖鞋。樊登爸爸一听是不愿意换拖鞋,就在他脸上轻轻打了一下说:"你早说啊。"樊登以为爸爸在打他,就在爸爸脸上狠狠打了一巴掌。顿时气得爸爸用手在他头上给了一巴掌。这一巴掌下去,樊登"嘤嘤"地哭了,爸爸也气得来回疯狂地踱步。俱乐部的几个老师商量了一下后拿来鞋套,樊登才套在鞋上进去上课。好不容易进去了,可樊登在教室里的表现也是不尽如人意。上课时有七八个孩子坐在一起,樊登不愿意和别人坐一起,一个人坐在最边上。几个老师过来劝,他也不肯动。老师在讲课时,有很多互动的场面,樊登基本上都没有反应。同学们上讲台时,只有樊登一个人坐在下面。

脱了鞋进教室边学边玩,本来是很自然的事情,怎么就能半天都说不通呢?通过跟樊登进一步沟通后,我才知道樊登原本有很完美的计划:他准备吃过早饭后看一会儿书,等出门的时候再穿袜子和鞋。可妈妈起晚了,爸爸又急着拉他出门,结果樊登没穿袜子就出发了。等他到了教室门口,老师又要求脱鞋,樊登觉得没穿袜子,在教室门口脱鞋,脚上的味道不好闻,所以他不愿意脱。樊登觉得这是不好的事情,可是他又不愿意告诉爸爸,所以,就让爸爸猜来猜去的,这种情况下爸爸当然很难猜到樊登真正的想法。

之后父子俩就进入了一个恶性循环:急性子的爸爸越猜不着越着急,越着急越猜不着。樊登一看爸爸着急了,就更不想说了。后来老师给他鞋套,他才勉强进了教室。进了教室之后因为迟到了,樊登更是非常谨慎和小心,他想先观察一下别人都在说什么、做什么,当然,最关键的是他怕犯错,怕别人笑话自己。然而,这些行为在爸爸眼里都是胆小、不敢和老师、同学互动的表现。

为了帮助力量型性格家长训练完美型性格孩子的复原力，我提出以下三个辅导建议。

（1）正确表达自己的情绪。完美型性格孩子追求完美，希望自己的想法即使不说出来别人也能猜出来，并且需要对方能马上做出回应。因此家长需要教导这种类型的孩子说出自己的诉求。

（2）尽量避免孩子读过多悲剧性的书籍、听伤感音乐或看太多电视。因为完美型性格孩子比较多愁善感，容易受外界的影响。

（3）多看积极的一面。就如硬币有两面一样，每件事物都有两面性：有积极的一面，也有消极的一面。然而，完美型性格孩子总是会去看消极的一面，担心发生的可能性不大的事情。所以，当孩子有负面想法的时候，引导孩子去想想硬币的另一面是什么。例如，家长可以和孩子做一个我常和完美型性格孩子做的小游戏：假设早上孩子去上学的时候被小鸟的粪便拉在头上了。通常，完美型性格孩子的第一反应就是满脸嫌弃，小嘴撇着，大声说："真恶心。"家长可以接纳他的情绪，并进一步引导孩子去寻找积极的一面："嗯，是啊，真恶心。现在咱们来造句，句子的开头是'太好了……'"当家长有意识地去引导时，孩子很快就会想出积极的一面，例如"太好了，我终于可以洗头了"。

第三种组合：完美型性格家长和完美型性格孩子

完美型性格家长与完美型性格孩子的组合的主要特点是，孩子在重要机会面前更加害怕失败，家长更加自责内疚。当然，完美型性格家长在别人面前还是会表现得若无其事,一切都很完美,其实内心早已千疮百孔。

以学生岳岳为例,岳岳妈妈找到我时,很担忧地跟我表示,如果别的家长知道她来找过我,一定会笑话她,认为她不知足,因为岳岳已经那么优秀了。可是,岳岳妈妈认为确实有一些大问题需要找老师解决。我们见面后,岳岳妈妈终于说出了憋了很久的心里话,她仰起脸看着我,一脸忧伤。我定定地看着她,等她开口说出要解决的大问题。果然,岳岳妈妈叹了口气说:"我那孩子确实非常优秀,今年人大附中点招了5个孩子,其中一个就是我家岳岳。副校长决定和5个点招的孩子一起见面,简单聊聊孩子们的情况。副校长和孩子们说得也很简单,就是要求每个孩子轮流站起来和大家说说自己叫什么名字,原来在哪个小学上学,有什么业余爱好,等等。等轮到我家孩子的时候,他就一直顾左右而言他,一会儿'嗯',一会儿'啊',还时不时地用眼睛朝老师瞟上一眼,但是就是说不出一个完整句子。见面会后老师问我孩子是不是有多动症,还建议我们去医院查一下。岳岳为什么会这样呢?他平常说话、办事儿都挺得体啊。他是我们院儿里出了名的小大人儿。"

听了岳岳妈妈的困惑,我决定和岳岳以及他的父母做个完整的互动。结果发现,岳岳是个完美型性格孩子,他非常在意他人对自己的评价,尤其是他认为重要的人的评价。他总是觉得校长不可能只想简单地问这些问题,这些简单的问题背后一定隐藏着别的想法,到底校长想考查什么?真正想问的是什么呢?他的大脑一边飞速地运转,一边又十分担心说出去的话对自己会有什么不利的影响。所以,这个可怜的孩子就一直左顾右盼,不知道该说什么,因为他实在拿不准对方想听什么。之所以"嗯嗯啊啊",就是因为他太害怕失败,担心自己不被接纳。因为从小到大,父母就是这样要求他的。岳岳妈妈也是一位完美型性格家长,她不能容忍孩子犯错,总是希望孩子做什么都能精益求精,一步到位。因此,岳岳每次考试回来后,她都会问:"你考了98分,不错。"然后又故作随意地问,"你们班有多少考100分的呀?"如果真的有同学考了100分,妈妈就会长叹一声,什么都不说就进卧室了,留下了惶恐不安的岳岳。岳岳看到妈妈这样的行为,就非常自责,觉得自己又让妈妈失望了。如果班里没有考100分的同学,岳岳的成绩就是最高的分数时,妈妈也会盯着卷子看半天:"怎么搞的?这道题你明明都会的呀,怎么会扣2分,多可惜啊?"岳岳听了妈妈的责备也是一脸沮丧,觉得自己这么粗心,怎么努力都达不到妈妈的要求。所以,这就是岳岳那么担心失败的原因。如果做事情没有百分之百的把握,他就不愿意去做。完美型性格家长是两种善于控制他人的性格类型之一,仅次于力量型性格家长。他们仅用翻白眼、失望的神情或深深的叹息,就能对孩子的情绪和心态造成极大影响,他们用情绪来控制孩子。

为了帮助完美型性格家长训练完美型性格孩子的复原力,我给出以下三个辅导建议。

(1)允许孩子犯错。完美型性格孩子不允许自己犯错,没把握的事情宁愿不做。因此,家长要允许这类孩子犯错,让他愿意去做更多的尝试。孩子的成长原本就是一个尝试错误、错误递减的过程。否则,孩子在做事之前就给自己各种心理设限,那么连开始的机会都没有。

(2)强化自信心。完美型性格孩子天性非常重视、在意别人的评价,尤其是两类重要的人:老师和家长。因此,孩子有任何进步,家长都要归因于孩子的贡献而非自己的功劳。请避免说:"这次考试要不是我帮你复习,要不是我如何如何……"

(3)重视孩子的努力过程。由于完美型性格孩子会因过于看重结果而干脆放弃尝试,完美型性格家长的天性也是注重结果大于过程,因此,请家长重视孩子的努力过程。

具体办法可以采用"10∶1训练法",即在孩子努力的过程中,针对孩子的努力,给予孩子10倍的鼓励和关注;针对成功或失败的结果,则淡然处之,只给予孩子1倍的关注。假以时日,孩子才会真正体会到家长真的只是注重过程而非结果。否则,天性敏感的完美型性格孩子一定能从家长表情的蛛丝马迹中以及一声不经意的轻轻叹息中,探测到家长对结果的过分在意,从而避免孩子在更多的重要机会面前,给自己先行设置更多障碍。

第四种组合:和平型性格家长和完美型性格孩子

最后,完美型性格孩子与和平型性格家长的组合的特点是效率比较低,家长和孩子都会在情绪处理上浪费大量的时间。以学生毛毛为例,6时50分毛毛妈妈照例去叫毛毛起床,妈妈一边抚摸她,一边轻轻地在她耳边柔声说:"宝贝,起床了,外面的天空好蓝呀,太阳都照到你的屁股了,快起床吧。"毛毛没有任何反应。妈妈一边整理床上的东西,一边继续轻柔地喊她。毛毛睁开眼睛,翻了个身还是不理妈妈。

妈妈就这样一遍遍叫到了7时。妈妈把她拉到床边抱着她坐了一会儿。毛毛皱着小眉头说:"我才睡了3小时,还没睡够呢。"说着就又趴回到枕头上继续睡。妈妈感到又好气又好笑,就告诉毛毛她已经睡了快9小时了。妈妈给毛毛准备了她最爱吃的布朗尼蛋糕,还有核桃奶。毛毛依然皱着小眉头,躺在床上一动不动。妈妈又说:"今天去学校说不定还能得到印章,妈妈相信毛毛一定能拿到印章。"毛毛还是不说话。妈妈又说答应她晚上放学可以每天看一集《西游记》,毛毛看了妈妈一眼依然没反应。这时爸爸也一起来叫毛毛,给她挠痒痒,毛毛很勉强地笑了两下但就是赖在床上不动。到了 7 时 10 分,眼看着送完毛毛再去上班有点儿不赶趟了,妈妈这回心里真有点急了,语气中也带了些埋怨:"毛毛,你只有 20 分钟的时间洗漱和吃早饭了,要是现在起来一切都还来得及。"毛毛还是不动。

妈妈没办法赶快喊来旁边刷牙的爸爸。火暴脾气的爸爸快人快语,直接问:"毛毛,什么情况,你倒是说话呀?"问了半天,毛毛才从床上坐起来,抽抽搭搭地说:"我就知道来不及了,肯定迟到了,您快给我请假吧,我不去上学了。肯定来不及了,我会迟到的。"妈妈一听脑袋就大了,怎么又来了,每天早上都是这一套,几乎每天早上都得说一遍她不想去上学。定了定神,妈妈再次告诉毛毛上学就是上学,是不能随便请假的。毛毛带着哭腔说:"不行,我会迟到的,老师一定会批评我的,因为我一个人的迟到,我们班的流动小红旗就没了,同学们都会说我给班级抹黑。您快给我请假吧。"听了毛毛的话,妈妈和爸爸对望了一眼,叹了口气,都觉得这个孩子真有点杞人忧天,每天都想那些根本就不可能发生的事儿。于是还是把一直小声啜泣的毛毛送到了学校。

等下午放学回来,妈妈和毛毛谈心,妈妈说:"你看你迟到了吗?没有啊。都是你自己瞎想。你要是按时起床就更没问题了,怎么会迟到呢?"毛毛点点头,然而,第二天早上同样的戏码再次上演。

从毛毛的案例来看,孩子追求完美,总是会担心很多实际不会发生的事情。完美型的毛毛想得多做得少,而且她在想象的过程中给自己设置了很多障碍。她想到自己会迟到,迟到了班级的小红旗就没了,老师同学都会批评她。妈妈不了解她的性格,一直在给她讲道理,例如上学是不能请假的,给她各种物质刺激,如动画片、大奖章、大蛋糕等,但这些都没有消除毛毛真正的担心,反而让她在情绪的泥潭里陷得更深。所以最后她索性躺在床上一动不动,没有勇气起床开始自己新的一天。到后来虽然毛毛被按时送去了学校,但是第二天又依然如故,因为她的担心并没有人接纳。

因此,为了帮助和平型性格家长训练完美型性格孩子的复原力,我提出了三个辅导建议。

(1) 尊重孩子的情绪。完美型性格孩子天性多愁善感,那些担心在他们心里是真实存在的,所以,家长需要接纳、尊重他们的情绪。

(2) 鼓励孩子行动。完美型性格孩子想得多做得少,因此,需要鼓励孩子多行动。

(3) 温柔而坚定。和平型性格的父母是给孩子压力最小的父母。他们非常有耐心,温柔有加,但坚定不足,因此,在毛毛的案例中,妈妈需要给毛毛两个选择:现在起床;5分钟以后起床。如果5分钟以后还没有起床,家长就得将孩子从床上扶起来,而不是无休止地等待。

第五章
和平型性格孩子磨蹭的"解药"——有目标

孩子为什么会因为没目标而一拖再拖？没有目标背后的深层次原因到底是什么？答案就是缺乏上进心。上进心是一种不断要求上进、立志、有所作为的心理状态。有上进心的人，往往有理想，有志气，积极肯干，不怕困难。

案例分析：从来不举手的青青

接下来通过一封家长来信，我们进一步了解为什么孩子缺乏上进心、没有目标，进而磨蹭。

> 我家姑娘青青今年12岁，上小学六年级。孩子天性就十分腼腆、害羞，不敢在大家面前发言，从小到大都没有举手发言过。青青对于外界的很多东西都不关心，不好奇。问她为什么，基本是什么都不回答，或

者她就简单回答"好可怕""我害怕"。

除了画画,她好像没什么爱好。她不喜欢阅读,我和孩子爸爸都喜欢阅读,家里买的书也很多,我们也没有强迫她一定要阅读什么书,可是她就是什么书都不读。由于表达训练的缺乏和阅读不足,所以她的学习能力就欠缺,写作文就更是难题了。我看老师说的学习能力的要素:自信、好奇、关联、沟通、合作……感觉孩子在哪方面都有欠缺。还有就是孩子遇到困难就绕着走,不想思考,最喜欢做的作业就是抄写类的,不会做的题目就空着,做得不好就擦掉。只有自己觉得能做好的才肯做,完全没有竞争意识。我们问了半天她也不回答一句,在教她数学的时候也是,感觉她没有回应,她做作业慢,很多时候是因为遇到不会的了,然后就停住了,之前她也不敢问,现在好一些了。孩子还有一个特点,就是"慢"!连吃饭也慢,就像幼儿园老师说的"我是不会催她的,因为她一直努力在吃……"

我感觉我的孩子是和平型+完美型的性格,我自己应该是力量型的性格,我好像常常没有察觉自己的强势表达。我们的亲子关系还是不错的,孩子对我比较依赖,也愿意听我的,但就是不肯表达她自己的想法。所以,我想问的问题就是:对于孩子这样的性格特点,我应该怎样和她沟通,怎样激励她呢?怎样问她,她才会说明白自己的需求?我们又能够怎样协助她?比如,不爱阅读的问题,不肯思考的问题,我应该怎么做呢?

根据这位妈妈提供的一些细节和问题描述,我初步判断孩子的性格主型为和平型,我尝试从以下三个方面来分析问题产生的原因。

（1）过度保护。这个妈妈在来信中说到了一个关键点，也就是说孩子对家长比较依赖。依赖和独立是相对的，如果家长总是帮她想办法、做决定，孩子的依赖性自然就上升了，这就解释了为什么孩子不愿意思考。

（2）缺乏上进心，没有目标。和平型性格孩子安于现状，没有太多竞争意识，所以普遍缺乏积极进取的精神，对自己的学习和生活都不会设定目标。很多时候，和平型性格孩子更像是一个旁观者，好像只是为了执行命令，应付差事。

（3）失败效应。孩子不爱阅读，可能是因为之前的体验多数都是失败的，或者被盯着督促或者被训斥，久而久之，孩子就很难对阅读产生兴趣，更谈不上爱上阅读了。

4种性格的家长训练和平型性格孩子

以上谈的都是和平型性格孩子的一些共性问题，那么在个性化的训练中，4种不同性格的家长面对没有目标的和平型性格孩子，如何训练他们的上进心，帮助他们树立目标并战胜磨蹭呢？和平型性格孩子的优点和缺点如图5-1所示。

第一种组合：活泼型性格家长与和平型性格孩子

活泼型性格家长要想提高和平型性格孩子的上进心的训练重点是：让其自己做决定、纵向比较、采取有效的激励措施。

以学生洋洋为例，上小学三年级的洋洋在家长眼中就是一只"懒羊羊"。

和平型性格孩子自画像

豆豆妈妈

优点
- 无欲无求（老好人）
- 总是说行（过分为别人着想）
- 喜欢和平

缺点
- 没有原则
- 缺乏主见（人云亦云）
- 很难对别人说不（委屈自己）
- 容易被团体忽视自己的需求

图 5-1　和平型性格孩子的优点和缺点

似乎家长让她干什么她就干什么，但好像干得都没效率。父女间的对话似乎永远是这样的主旋律——"洋洋，把英语单词都写一遍。"洋洋或者懒洋洋地说一声"哎"，或者大梦初醒般忙不迭地说"好，好，好"。爸爸的困惑就是洋洋答应得挺好，可是为什么就非得慢慢悠悠在那儿"磨洋工"呢？爸爸经过认真思考，给洋洋的问题定性为：态度消极，效率低下。

洋洋上一年级的时候，写作业磨蹭。有天爸爸从朋友那里学了一招，可用来激励孩子积极写作业。他回家后就对洋洋说："闺女，别人家都用小贴画，咱家也用。"爸爸边说边将几个作业本都摊在桌上，认真地说："语文作业写完了，给3个贴画；英语作业写完了，给2个贴画……"爸爸正准备继续往下说的时候，抬眼看了一下洋洋，却发现孩子一副"心静如水、泰然处之"的小模样，这让爸爸不由打住了后边的话。循着爸爸疑惑的眼神，洋洋轻启樱桃小口，一字一顿地说："爸爸，这是我应该做的，我不要小贴画。"

让爸爸万分苦恼的是，洋洋不要小贴画的同时，也继续像往常一样磨磨蹭蹭地写作业。孩子的磨蹭真的是让暴脾气的爸爸尝尽了苦头。甚至一早起床，爸爸看着她的各种慢动作，每每都十分焦急。

第五章 和平型性格孩子磨蹭的"解药"——有目标

被爸爸戏称为"懒洋洋"的洋洋其实是一个和平型性格的孩子,这类孩子虽然嘴上都会说"行",但是有时只是他们很难拒绝同学、老师和家长的要求而已。和平型性格孩子不喜欢冲突,所以,即使是自己不想做的事情,他们也会硬着头皮、勉为其难地做下去。这也就是爸爸感觉洋洋"态度消极、效率低下"的原因。而且,由于多数和平型性格孩子对自己没什么目标,对别人也没什么期待,所以他们总是表现出一副无欲无求的样子。虽然看似已经做到了很多大人还在苦苦修炼的"无欲则刚"的境界,但是,这也很容易让家长不知该如何下手。毕竟孩子没有学习的欲望和动机,家长期待的高效率也就只能是一厢情愿。

和平型性格孩子很像大海上漂泊的一艘小船,他们无所谓起点,更无所谓终点。他们通常活在当下,喜欢享受生活,更关注属于自己的"小确幸"(微不足道的、确定的幸福)。例如一面三吃这种状态:①先吃原味;②加辣椒油;③辣椒油里加陈醋。可以说,和平型性格孩子是4种性格类型中最没有竞争意识的一类,当然,他们也不屑于竞争。他们只喜欢作为一个旁观者静静地欣赏别人的"演出",在台下默默地为大家的精彩表演鼓掌。所以,这也就是为什么当同学们讨论得热火朝天的时候,洋洋只是安静地坐着,一言不发的原因。

为了帮助活泼型性格家长训练和平型性格孩子的上进心,我提出了如下三个辅导建议。

(1)自己做决定。由于和平型性格孩子没有主见,凡事都会请家长来帮忙做决定。面对这种情况,家长需要有大量耐心,即使会多花一些时间,也要让孩子自己做决定。

(2)纵向比较。由于相对而言,和平型性格孩子做事的速度比较慢,因此，就需要进行纵向比较。例如孩子昨天写作业用了38分钟，今天只用了35分钟，家长就需要将鼓励、肯定的重点放在这3分钟。当家长坚持这样做的时候，孩子写作业的速度才能逐步接近或领先正常速度。如果家长一味追求横向比较，例如说："你看人家小宝，怎么就那么快呢？"家长就会比较失望，因为在这样的应对方式之后，你会看到一个更加磨蹭的孩子以及其慢吞吞的回应："那挺好的，小宝很快。"

（3）有效的激励措施。虽然和平型性格孩子"无欲无求"，但其实他们也有自己的需求，只是这种表现太微弱，家长需要更多的时间以及更细微的观察才能找到这类孩子的"燃点"。据我观察，每个和平型性格孩子的燃点不同，而且很多选择还都是非主流的，例如有的孩子喜欢收藏古钱币，有的孩子喜欢去山里寻宝，也有的孩子喜欢开IPS独轮车。当家长找到孩子的这个点之后，需要和孩子约定"连线题"。具体而言，就是将家长想让孩子做的事情与孩子想做的事情连线。当然，同时需要配上美言录，这样，可以有效地将外驱力（燃点）成功转化为内驱力（成就感）。假以时日，孩子做这些事情就会很有成就感，而非最初的只是为了物质刺激。为了让家长对美言录有个更直观的认识，我用一位学生家长的美言录举例说明。这位家长对孩子说："贝贝写作业特别认真，头不抬，手不停，眼睛一直盯着自己的数学书和作业本。"

第二种组合：力量型性格家长与和平型性格孩子

力量型性格家长与和平型性格孩子组合的特点是家长非常强势，总是给孩子下达一个又一个的命令，而和平型性格孩子则不会反抗，让干什么就干什么。但是,如果这个任务是孩子不愿意做的,孩子就会拖拉应付,做事没有效率。力量型性格家长着急催促孩子,可是越催促,孩子反而越慢,为什么呢?因为孩子压力太大,感到更加无所适从。力量型性格家长通常没有耐心,眼看孩子离他们设定的目标越来越远,就更着急了,情急之下,会说一些伤孩子自尊的话。和平型性格孩子由于不敢反抗,就一忍再忍,最后可能导致精神崩溃,甚至把自己完全淹没在情绪的旋涡中不能自拔。

以学生叮叮为例,叮叮放学后和住在另一个单元的小美在小区里玩了一会儿就回家吃饭了。吃完晚饭大约晚上 6 时 30 分,一般这个时间孩子就该开始学习了。但是,叮叮还想出去骑一会儿自行车,爸爸看天色已晚,就没有同意。叮叮央求爸爸,但爸爸坚决不同意。叮叮又给妈妈打电话说想出去玩。妈妈表示爸爸在家,爸爸说了算,如果叮叮真的想出去玩要好好跟爸爸说。妈妈还在电话里反复与叮叮确认,如果现在出去玩,作业是否来得及做。叮叮说来得及。放下电话后,叮叮妈妈继续手头的工作。等到晚上 8 点妈妈拖着一身的疲惫回到家,刚放下包,一眼就看见了蜷在沙发一角、双眼哭得通红的叮叮。

妈妈一个箭步冲过去,紧张地问:"怎么了?宝贝。"

叮叮难过极了,闷声从嘴里慢慢吐出三个字:"我伤心。"可说话的同时又像个受惊的小兔子一样朝爸爸坐着的方向快速看了一眼。

妈妈看到叮叮望向爸爸,心里已经猜了个八九不离十了。心下暗自抱怨叮叮爸爸:这么多年了,也不改改脾气。同时,叮叮妈妈也有些心疼自己的女儿,于是,一把将叮叮搂在怀里,轻声问:"为什么呀?"

叮叮乖乖地靠在妈妈怀里,缓缓地说:"爸爸不让我出去玩,怎么求爸爸都不行。后来爸爸还大声骂我说我什么都做不成。"

"那就哭到现在呀？作业做了吗？"妈妈又轻声问叮叮，因为这会儿离叮叮给妈妈打电话已经过去快两个小时了。

"我刚写了两道题，爸爸就一个劲儿地催我，后来就骂我说我太慢了，以后做什么都做不成。后来我就伤心得根本没法继续往下写了。"

叮叮妈妈觉得又好气又好笑，就追问了一句："你就一直哭啊？"

"嗯。"叮叮把头低下，小声回答妈妈。

"那你看，哭了半天，时间都过去了，什么也没干成。"妈妈无奈地叹了一口气。

"可是后来我实在写不下去了。"叮叮难过地告诉妈妈。

"那咱们能不能这样，有两个时间段可以玩：一是你放学回家差不多下午4时30分，一直到吃饭前有一小时的时间可以在外面玩，吃完饭写作业就不出去了；二是你一放学就直接回家写作业、吃饭，饭后可以出去玩一会儿，回来再练琴什么的。你选一个，你觉得什么时候玩比较好？"妈妈问道。

叮叮权衡了一下，决定选第一个时间段。这时候爸爸也进来了，表示赞同。

通过叮叮这个案例，我们可以很清楚地看到和平型性格孩子和力量型爸爸这一组合的特点。力量型爸爸一旦做出决定，就态度坚决，没有任何商量余地。然而，和平型性格的叮叮呢，想通过软磨硬泡的方式让爸爸妥协。在这个过程中，浪费了很多时间。后来，叮叮去写作业，爸爸又嫌弃写得太慢，不断催促。最后，爸爸骂叮叮的时候，叮叮终于情绪崩溃，停下笔不能继续写作业了。近两小时的宝贵时间就在叮叮的小声啜泣中消失殆尽。

为了帮助力量型性格家长训练和平型性格孩子的上进心，我提出以下三个辅导建议。

（1）提前约定。叮叮爸爸可以给孩子两个选择并且与孩子提前约定好，这样孩子就可以避免很多纠结的时间。

（2）帮助孩子找到一种无论在任何环境下都能释放自己愤怒情绪的渠道，因为和平型性格孩子最不会表达愤怒。他们需要被尊重和有价值感，家长要清楚地告知其下一步要做什么，要讲清楚时间限制，要帮助他们订立目标，并争取回报，要知道"逃避"是这类孩子控制家长的方式之一。力量型性格家长不要总把过错归咎于孩子，而是要鼓励他们自己做决定并承担责任；同时不要期望和平型性格孩子会特别热情，因为这类孩子是最忠诚的朋友、最冷静的人。和平型性格孩子渴望平静，所以面临冲突和争端时很容易患病。当别人冲他发火时，他脑子里实际上是一片空白。别以为他没有要求就忽视他，他也渴望被认同，请家长珍视孩子并让他知道你其实是关注和认同他的。

（3）和孩子自己比较。和平型性格孩子做事的速度通常比较慢，所以，如果力量型性格家长始终用一般情况下的正常速度和孩子比较，就很容易让孩子丧失信心。因此，请让孩子和自己做比较。例如，分别给孩子的两列口算作业题计时，耐心地问孩子为什么他的第二列口算题速度要比第一列更快？最有魔力的一句话就是："你是怎么做到的？"

第三种组合：完美型性格家长与和平型性格孩子

完美型性格家长与和平型性格孩子组合的特点是家长比较追求完美，希望孩子做任何事情都能一步到位，不留遗憾，然而本来就缺少目标的和平型性格孩子会觉得自己怎么努力都达不到家长的要求。因此，乖巧可爱的和平型性格孩子,有时会从兢兢业业地努力学习状态直接转变到啥也不干。

以学生文文为例,文文12岁,上小学六年级。从小到大妈妈好像从没见过文文有着急的时候,甚至爸爸妈妈批评他的时候,他也一脸淡定的表情,让家长急不得、恼不得。有一次,文文爸爸的老同事童伯伯请他们全家去密云玩IPS大车。文文妈妈看出来了,一向对什么事儿都没兴趣的儿子显然迷上了这种超酷的运动。

因此,回来后妈妈就把文文叫到书房,很谨慎地问文文:"你好像对开IPS大车很感兴趣?"文文略显苍白的脸上泛起一丝红晕,眼睛里也亮闪闪的,他对妈妈说:"嗯,我喜欢。"妈妈感觉有些不可思议,要知道她平常无论问儿子什么,儿子的回答都是"行""随便",这次居然吐字异常清晰地告诉自己"他喜欢"。于是,妈妈又追问了一句:"你还想去那儿玩儿吗?"文文将头重重地点了三下。妈妈就和文文约定,"从家开车去一趟密云,往返加上游玩至少需要半天时间,所以,如果下周你能每天都把作业在学校完成一部分,回来后写完剩下的部分,再练两个小时的小提琴,并且完成所有这些任务后你都能在晚上10时之前入睡的话,妈妈就答应你每周腾出半天时间带你去密云开IPS大车。"文文照例点点头,就回到自己的书桌旁开始写作业了。

接下来的一周,文文一改往日的懒散状态,每天都像是上足了发条的机器人,自发地按照和妈妈的约定学习、练琴。这一切妈妈都尽收眼底,心里十分欣慰。然而,听着儿子演奏的小提琴声,妈妈略有些放松的心情又不由自主地揪了起来。到了周末该兑现承诺的时候了,文文开口和妈妈商量去密云游玩的时间。可是,妈妈的眉毛皱了起来,耐心地和儿子说:"文文,你的小提琴拉得太差了。我看咱们这个周末哪儿都别去了,你应该多花一些时间练琴,好吗?"好脾气的文文有些愠怒,想马上拒绝,然而,他的喉咙里像是有只小手在抓着他不让说。于是,文文只是淡淡地轻声回应妈妈的话:"好的。"

然而,接下来的两周,文文好像又变回了从前那个懒散的孩子。虽然妈妈已经猜到了应该与没去玩IPS大车有关,但是文文当时回答的是"好的"。为什么现在他又继续开始毫无效率地应付差事了呢?妈妈思考:虽然文文总体比较配合,但有时候也有怨言,也许他天性中还有想偷懒、想得过且过的一面。真不知道如何能够激励他为了让自己更优秀、更出色而不断挑战自己。如果总是家长给他找目标让他去做事,总会没有动力吧。什么时候他能够自己给自己设立目标呢?一时间,妈妈的思路有些凌乱,很多想法同时冒了出来。

从文文的案例中可以发现,妈妈是典型的完美型性格,完美型性格家长是最关心孩子和最值得依赖的父母。他们是尽职尽责的父母,他们会把家里保持得井井有条,除了帮孩子收拾东西,还经常会要求孩子学习钢琴、舞蹈、美术或参加其他文化活动,他们会把自己的一切都献给孩子,即使明知这么做是不对的。完美型性格家长经常会情绪低落,感情脆弱,容易受外界的影响。完美型性格家长给孩子设定的目标总是很高,他们不仅希望孩子能取得好的成绩,还要求孩子学会欣赏生命中具有更深意义的东西。他们给孩子们读诗,让孩子们听古典音乐,要求他们保质保量地完成学习任务。在文文的案例中,妈妈事实上对孩子练琴是有标准的,之所以没有明确提出来,是因为妈妈内心的想法是:不用人说,孩子就应该知道练琴的标准。

然而对于和平型性格的文文来说,他持续认真地学习、练琴整整一个星期,他以为到了周末终于可以痛痛快快地去玩自己喜欢的IPS大车时,却被妈妈兜头泼了一盆凉水，原因是妈妈觉得他的小提琴拉得不好。虽然他很沮丧，但是面对妈妈提出要他留在家里练琴的要求，他又无法拒绝，所以，也就答应了。然而失去做事动力的文文，怎么也打不起精神去有效率地学习、练琴了，因为他上周那么努力，妈妈都不满意。既然这样，那就能做什么做什么吧。

为了帮助完美型性格家长训练和平型性格孩子拥有上进心，我当时提出了三个辅导建议。

(1) 情绪管理。完美型性格家长通过翻白眼、失望的神情或深深的叹息，就能起到比其他性格类型的家长说一千句话还管用的效果，因为他们习惯于用情绪控制孩子。因此，建议这种类型的家长每天从寻找三件好事开始改变自己的情绪。这个练习对于情绪管理非常有效，最早是由积极心理学之父马丁·塞利格曼提出的。

(2) 目标分解。完美型性格家长容易对孩子高标准、严要求，因为他们就是这样要求自己的。然而过高的要求和标准容易让和平型性格孩子望而却步。因此，这些家长应该制定一些使孩子能够达到的目标，让孩子体验到成就感，同时要给孩子足够的空间，否则家长过多的付出会让孩子产生负疚感。家长也要适当地调整自己的消极情绪。完美型性格家长可以把自己对孩子的期望——一个大的目标，分成几个阶段性的小目标，这样，孩子会更愿意去尝试。我的建议是：孩子的时间管理训练要先讲速度，后讲质量。等孩子的时间管理模式建立并稳定执行1个月以上以后，再和孩子商量执行质量的问题。当然，这个过程必须循序渐进。

(3) 成功效应。请重视并肯定和平型性格孩子点滴的努力。相比而言，和平型性格孩子由于做事效率不高，因此，请拿孩子的今天与昨天相比，这样,孩子发现自己在能够完成任务的情况下会有动力愿意继续努力。由于目标是循序渐进的,当孩子发现自己还能完成更高一个级别的任务时,他会愿意再挑战下一个目标,这样,就能形成一个正向循环,也就是我们常说的成功效应,反之亦然。

第四种组合:和平型性格家长与和平型性格孩子

最后说一下和平型性格家长与和平型性格孩子这一组合,其特点是和平型性格家长相对而言会比较没有原则地溺爱孩子,而和平型性格孩子本身也喜欢依赖家长。当然,这样的组合如果不做改变的话,就会影响孩子的独立性,耽误孩子的正常成长。

以学生月亮为例,月亮在班里绝对是比较另类的一个孩子。为什么这么说呢?因为他总是像窗边的小豆豆一样自己孤独地坐在教室里。老师上课的时候,他既不举手回答问题也不做课堂作业,班主任石老师反复劝说月亮后发现没有任何效果。石老师说月亮的时候,月亮就默默地听着,偶尔会用深邃的黑眼珠盯着石老师。石老师要求月亮下次要和同学一起做课堂作业,并且强调每个学生在学校都需要在规定的时间内完成老师布置的任务。月亮仍然笑眯眯地点点头。可让石老师非常失望的是,下一次布置课堂作业的时候,全班还是只有月亮迟迟不动笔。下课以后月亮也总是"置身事外",像一个旁观者,笑眯眯地看着其他同学做游戏。

班里其他人对这位与大家格格不入的同学也不太了解,但是,几乎每一位同学只要看到月亮妈妈的身影,都会兴奋地大叫:"月亮,你妈给你送水来啦。"2分钟后,目光有些焦灼、匆匆赶来的月亮妈妈会从学校刷满绿漆的栅栏处伸出右胳膊举着一个水壶让月亮喝水。月亮喝完了,妈妈再把水壶拿走。月亮妈妈一天三次给月亮送水,而且次次如此。班主任石老师觉得奇怪,就询问月亮妈妈为什么要来给孩子送水,孩子自己早晨上学的时候背着水壶不就行了吗?月亮妈妈笑笑,告诉石老师说:"老师,您不知道,我没法儿给他带水壶。因为以前带过,可是他喝完以后不知道把盖儿拧上,结果呢,撒了一书包,课本、作业本都湿了。所以,我也是没办法啊。而且,我不上班,主要任务就是照顾他。"

石老师听出了问题,就请月亮妈妈来学校谈了几次,但是每次谈话的情况都差不多。每次石老师给妈妈讲道理的时候,月亮妈妈都听得非常认真,不住地点头微笑,还肯定老师说:"老师,您说得对,这样下去确实影响孩子的发展,我们得改。"可结果呢?石老师发现就像从来没谈过一样,下一次月亮妈妈该送水还是送水,毫无效果。反复几次之后,石老师觉得再找月亮妈妈来学校谈话也没什么意义了,家长光是态度好有什么用呢?石老师和我是在一次学校的教师培训上结识的,所以,百思不得其解的石老师和我聊起了这个家庭,希望能为这个孩子做些什么,毕竟月亮只有7岁,如果现在不做相应的调整,再往下情况可能会更加糟糕。

石老师希望我和家长沟通一下,看看症结在哪儿,关键是家长应该做些什么,从而帮助月亮健康成长。当我诚恳地与月亮妈妈进行心与心的交流时,月亮妈妈开始低声啜泣,和我说起了她的童年经历。我才发现月亮妈妈现在对月亮的教养方式与她童年的经历有很大的关系。月亮姥姥是一所重点中学的班主任,年年都带毕业班,顾不上照料自己的孩子。于是,就把月亮妈妈放在乡下的奶奶家。月亮妈妈非常乖巧可爱,奶奶也很喜欢她。然而,每当奶奶犯心脏病的时候,月亮妈妈就害怕得要命,因为奶奶突然会紧紧抓住自己的胸口,大声喘气,好像随时都会死亡。说到这里,月亮妈妈突然抬起头看着我问:"雨露老师,您能想象吗？一个非常无助的小女孩。"说完,她又低头小声地啜泣起来。5分钟后,月亮妈妈猛然抬头,坚定无比地告诉我:"所以,我当时就想,等我将来有了孩子,绝对要给他世界上最好的爱,绝不让他有任何恐惧。"

后来我再和月亮互动的时候,月亮和我分享了一个他深深埋藏在心底的秘密,还再三嘱咐我千万不能告诉妈妈。月亮特别喜欢打网球,而且也一直渴望能入选校队。选拔赛后,月亮妈妈告诉月亮他没被选上。月亮虽然有些失望,但是很快就接受了现实。可是,一个月后的体育课上,体育老师偶然间和月亮聊起校队的事儿,就对月亮说:"你妈妈说你离家太远了,训练完再回家写作业有点儿太赶了。"月亮非常惊讶,但是他回家后什么都没说,他不想让妈妈不高兴。但是,从此他对各种球类运动都失去了兴趣,他也从来没有让任何人知道为什么会这样。

为了帮助和平型性格家长训练和平型性格孩子的上进心,我当时给月亮妈妈提出了三个辅导建议。

(1) 让孩子自己做决定。无论是否学习网球,都应该是孩子自己的事,因此要把选择权交给孩子本人。和平型性格的父母是给孩子压力最小的父母。他们能够稳定孩子的情绪,随和的性格使他们自己的情绪在大多数情况下也是放松的,他们是有耐心和稳重的父母,不容易动怒且会宽容地接纳孩子,总是愿意花时间与孩子相处。但和平型性格的父母为了避免摩擦往往表现得很消极,例如月亮妈妈给月亮取消网球训练,但没有和月亮商量或者提前告诉孩子并征得孩子的同意。

(2) 培养孩子的独立性。引导孩子自己想办法解决问题,例如帮助月亮思考水壶里的水下一次怎样才能不洒出来。月亮妈妈在家里就可以请月亮做实验、做尝试。月亮只有经过努力克服困难，才能体会到成功后的喜悦。

（3）制定阶段性目标。引导孩子制定阶段性的目标，家长要引导孩子先从小事做起，例如让孩子每天完成老师布置的一项课堂作业。等孩子能做完并且稳定执行一段时间后，就可以与孩子约定下一个挑战目标。和平型性格家长自己可以没有目标，但是为了孩子，需要和孩子一起制定阶段性的目标并加以实施。

第二部分

5大法宝终结磨蹭

本部分通过儿童时间管理的十大工具、任务清单、三表一录、魔力小纸条和 ABC 排序法等 5 大法宝帮助家长和孩子更加高效地管理时间，真正解决亲子冲突中"家长觉得孩子学的时间太少、孩子觉得玩儿的时间太少"等棘手的问题。

- 第六章　十大儿童时间管理工具
- 第七章　任务清单，让孩子生活作息更规律
- 第八章　"三表一录"，专治写作业拖拉
- 第九章　魔力小纸条，再不说"不想上学"
- 第十章　ABC排序法，迅速提高学习效率

第六章
十大儿童时间管理工具

案例分析：年级垫底的彬彬

彬彬妈妈给我发邮件，说孩子在小学阶段接受能力不强，做事不专注，动作特别慢。上课注意力不集中，总是走神儿。虽然小学的知识量并不多，但孩子学得并不轻松，每天的作业总要写到九十点钟。周末也只有半天的时间可以自由活动。

彬彬妈妈说："孩子平时写完作业以后，没有太多时间复习巩固，考试前，我帮她突击一下，成绩能提高一些。但是孩子在班级的排名一直属于中等偏下，语数英三门功课都比班级平均分低了2~5分。我总是跟孩子说，你就是因为功夫下得不够，没认真复习，学习不主动，要不然成绩会比现在好不少。孩子觉得自己不差，只是努力不够。结果到了初中分班考试，全年级460人，她考了432名。她找借口说自己没学奥数,复习不到位。后来的几次考试都不理想,成绩都滑到年级垫底了,我非常着急。

彬彬妈妈继续强调说:"据老师反馈,说孩子不爱思考,上课不会听讲,抓不住重点,经常忙于记笔记而忽略了听讲。孩子班主任也说孩子心思没放在学习上,内驱力很差。她之所以主动要上课外班,只是因为班里同学都上。我跟孩子沟通后,这学期只针对她最薄弱的语文和数学上一对一课。一对一老师说,感觉孩子在课内好像没学过一样,这就说明孩子上课的时候,老师讲的她都没有吸收。我多次跟孩子说这个问题,她也想改变,但就是做不到。她是典型的说话的巨人、行动的矮子。"

在彬彬的案例中,可以清楚地看出三个问题,现在来分析一下。

第一,讲道理。家长和孩子都停留在讲道理的层面上。彬彬妈妈总是告诉孩子你是因为功夫下得不够,没认真复习,否则成绩会比这个好不少。经过一段时间,孩子也认可了这个道理——自己不差,就是努力不够。

第二,找客观理由。当孩子考得不好的时候,彬彬妈妈问孩子为什么没考好,孩子强调自己没学奥数、考前复习不到位等一堆客观理由。

第三,行动力。第一个和第二个问题就决定了孩子的行动力很差。因为人的时间和精力都是有限的,当我们把焦点放在讲道理和找客观理由上时,自然就挤掉了行动的时间。指出问题并不能够解决问题,批评孩子、发泄情绪更是于事无补。如何解决问题、采取什么行动来有效地解决问题才是重点,在解决问题这一目标主导下,努力方向和工具决定了效率。《论语》里说:"工欲善其事,必先利其器。"意思是说要想做好工作,就要先使工具锋利。现在来看看如何善用工具,落实计划,解决需要解决的问题。

十大儿童时间管理工具之关键工具

十大儿童时间管理工具分成两类:关键工具和辅助工具。其中关键工具有 5 种:九宫格、蘑菇云、三表一录、番茄钟和老虎贴;辅助工具有 5 种:精力圈、金头脑、计时器、Zine App 和电子表。下面分别进行介绍。

关键工具之一:九宫格

使用九宫格的目的是请孩子们在新年开始就给自己设定好一年的目标。

九宫格的做法如下。

(1)按照喜好挑选一张 A4 彩纸。

(2)在彩纸上端写上"新年目标"的标题。

(3)在标题下的空余版面上先画两条横线,再画两条竖线,再加上边框,一个九宫格就做好了。

(4)在九宫格中间的格子里写上自己的名字。

(5)在九宫格其他每个格子里写下自己的目标,如"我要数学作业得 10 个优""我要教会姥爷使用微信"等。

做好的九宫格可以贴在孩子房间的墙上,或者客厅墙上,这样孩子时常可以回顾自己的新年目标。

我经常和孩子们一起玩这个九宫格游戏。我的一位学生周沛岩曾经郑重其事地告诉我:"老师,有了目标之后,我的学习生活效率要比之前没有计划时提高了三倍。"掌握了这些非常实用的时间管理工具之后,她不仅在北京四中国际部的学习名列前茅,按照目标,她还做了一个公众号和同龄人分享学习英语的经验。而且她在课余时间自学神经科学的过程中,还做了一个变声的东西和自己在视频中用英文互动,以超级有趣的方式科普克雅氏症(CJD)。这足以说明,孩子们有目标才会有做事的动力。

关键工具之二:蘑菇云

使用蘑菇云的目的,在于让孩子设定每个月的目标,并且明确具体的行动安排。例如,目标是上课认真听讲,具体行动就是:①眼睛看着老师和黑板;②双手放在裤兜里。

蘑菇云的做法如下。

(1)请孩子挑选一张喜欢的彩纸,思考自己的月度目标。

(2)请孩子想一想:例如,"你准备在3月'种'几朵蘑菇云啊?"

(3)在彩纸上先画一朵云的形状,在云朵里面写上3月计划完成的目标。

(4)在蘑菇下面画上蘑菇腿,在蘑菇腿里写上具体的行动计划。

(5)在蘑菇云右上方写下孩子的名字。孩子可以把蘑菇云裁剪下来或者直接叠好放在自己的铅笔盒里。

注意:一般建议画1~3朵蘑菇云。否则,计划太多,如果未能一一实现,孩子会感到沮丧,进而放弃尝试。

关键工具之三：三表一录

三表一录这套工具完美地诠释了外驱力和内驱力，其中三表（时间表、星星表、礼物表）是外驱力，一录（美言录）是将外驱力转化为内驱力的关键路径。这套工具曾经让数以万计的家庭受益。

三表一录是驱力型养育方式的基本标配。我曾经说过，每个孩子做事都需要驱动力，为了让孩子从生物性冲动或者说三分钟热度转变为更为持久地坚持做一件事，就需要三表中的星星表和礼物表来完成外驱力的驱动。请家长记住：美言录的重点是描述事实和肯定孩子的主观努力。

等家长彻底搞懂三表一录这套方法之后，就可以为自己的孩子量身定做一套适合他的时间管理计划了。总的来说，三表中的星星表和礼物表的目的是用外驱力来激发孩子做事的热情，孩子只是为了获得星星和礼物才有好行为的。更重要的是如何让孩子的内驱力发挥作用，这时就要靠美言录了。美言录的作用就是将外驱力转化为内驱力。

有一次，我和一个朋友聊天，他告诉我他的孩子在坚持跑步。

"爸爸，我棒吧，我一直在坚持跑步。"孩子扬头问他，期待他的肯定。

"你不就是为了每天玩平板吗？"他很随意地笑着对孩子说。

我当时一听就急了，忍不住说："多好的机会啊，你为啥不肯定孩子持久做一件事的毅力呢？"

"看到没，这就是细节，养孩子容易，教孩子是真心不易啊！"朋友听了之后，也很后悔，边摇头边大发感慨。

关键工具之四：番茄钟

番茄钟是训练孩子专注力的一个利器！专注力和时间管理能力相互作用，相互影响。有的孩子写着作业，突然一下子要吃水果或一下子想起学校里什么事儿，非要跟家长讲。家长要是不耐烦地打断他，他可能就会噘着小嘴继续写作业，但是情绪不好，效率肯定也会受到影响。这时候番茄钟就能派上用场了，家长可以教给孩子番茄工作法。

番茄工作法的具体做法是选择一个待完成的任务，将番茄钟设定为 25 分钟，这 25 分钟里只专注做这一个任务。直到番茄钟响起后，休息 5 分钟，然后进入下一个 25 分钟。25 分钟专注做事，休息 5 分钟，这就称为一个番茄钟。

为什么是 25 分钟和 5 分钟这样的规定呢？我有一个学生，家长给他的计划是学习 40 分钟，休息 10 分钟，但是 30 分钟之后家长就发现孩子的注意力开始下降了。所以番茄工作法的 25 分钟和 5 分钟的时间安排，是有一定科学道理的。这里要特别提醒家长，刚开始使用番茄钟的时候，可以先从训练孩子专注地做一件事开始，循序渐进。

关键工具之五：老虎贴纸

老虎贴纸的作用是让孩子了解要事优先的概念和原则，并且其也愿意主动先完成重要的任务。家长可以在孩子放学后，把事先买好的贴纸发给孩子，每天三张。请孩子先找出当天必须完成的学习任务中最重要的三件事，将贴纸贴在这三件事的前面。之后每完成一件事，就可以在贴纸上用自己喜欢的方式打对勾，或者打叉，表明任务已经完成，"老虎"已经被吃掉。很多家长通过这个方法发现：孩子把这三件事找得很准。随着"老虎"被一个个吃掉（事情被孩子一一完成），孩子的成就感爆棚，他会愿意再去挑战下一个难关。

定年度目标的九宫格、定月度目标的蘑菇云、培养外驱力和内驱力的三表一录、训练注意力的番茄钟、要事优先的老虎贴纸这5种关键工具介绍完了。下面再看看5种辅助工具。

十大儿童时间管理工具之辅助工具

辅助工具之一：精力圈

精力圈这个工具可以有效地提醒家长和孩子聚焦向前看，补充正能量，解决问题。精力圈这个词，最早是由斯蒂文·W.范诺伊在他的著作《给孩子的10个最伟大礼物》中提出的。每个人的时间和精力都是有限的，因此每个人都需要做出决定：到底要聚焦向后看还是向前看。例如孩子考试考了95分，如果咱们向后看，问孩子的问题必然是"你那5分是怎么丢的？""为什么你又做错了？""你怎么那么马虎？"等。结果就是孩子下回可能还会粗心、磨蹭。

然而，如果父母的焦点是向前看，就可以和孩子讨论那95分怎么得来的，有什么成功经验可以分享，等等。这时，孩子可能会告诉你"我上课的时候眼睛看着老师"，或者"这次百词测验，我每天都看一遍，考前又把每个词都默写了一遍,不会的又写了两遍",等等。等孩子的成功经验分享完了,就可以和孩子讨论这些问题:有什么好办法保持这 95 分?下次怎么能增加 1 分?如果要增加 1 分,具体需要做些什么?由于惯性的力量,家长和孩子常常会不自觉地向后看。例如之前提到的学生彬彬的案例中,家长就可以和孩子一起用精力圈工具聚焦并解决问题。

辅助工具之二:金头脑

改变家长思维模式的另一种工具叫金头脑。当孩子和家长意见不同的时候或者孩子并不愿意接受家长想出的办法时,金头脑就能派上用场了。

这个工具的具体应用流程是:家长和孩子在一张彩纸上先写出问题,越具体越好;之后每个家庭成员都开始想办法,每个人想出的办法必须是基于自我改变而不是改变别人。这是我在带孩子的工作实践中总结出来的一个工具,很多家长在使用这个工具之后给了我积极的反馈。这个工具之所以如此有效,原因有两点:第一,没有人想当别人的傀儡;第二,孩子自己想出的办法,自己更愿意执行。为了方便读者理解,举例如下。

例 1,学生洋洋不爱吃早饭。由于洋洋的爸爸每天做的早饭千篇一律,孩子不爱吃。通过金头脑工具的学习和运用,洋洋爸爸想到的办法是学习不同的早餐做法;洋洋想到的办法是提前一天和爸爸商量自己想吃的食物;洋洋妈妈想到的办法是给爸爸打下手,从而提高做早饭的效率,节省时间。

例 2,对于孩子在学校爱发脾气的解决办法。通过使用金头脑这一辅助工具,妈妈想到的办法是尽量控制自己,对孩子少发或不发脾气;孩子想到的办法是深呼吸,让自己冷静下来;感觉自己要发脾气的时候,先不理同学。为了让使用这一工具的父母与孩子的互动更有趣,家长也可以和孩子提前约定,例如在周六晚上的时候可以一起PK,谁的金头脑更多、办法更好用,谁就成为本周的金头脑冠军。当然,金头脑冠军会有一个特权:请其他家庭成员为自己做一件事。例如孩子可能会表示自己需要一个"五星级"服务,家长可以快乐地给孩子挠挠头发,抚摸一下他的肩膀,等等。

辅助工具之三:计时器

每个有孩子的家庭,我都推荐买一个计时器,尤其是在做三表的时候,因为计时器对培养孩子的时间观念、完成每项任务所需的时间等,有很大帮助。有的孩子考试总是答不完题或者答完题就没时间检查了,这种情况可能在低年级的时候不明显,随着孩子年级的增长,问题会越来越突出。家长们都知道,考试成绩相差5分,就进不了比较好的中学。这5分之差,有时候就来自于学生答完题后检查得细不细心,检查也是需要时间的。所以,如果小学阶段不注意培养孩子的时间观念,完全靠催,那么等到孩子上了中学以后,意识到这个问题再想改,就会有些来不及了。为什么?因为孩子学习的科目数量和难度都增加了,而且正好赶上了青春期,孩子对家长的话不太听得进去。有的家长可能会说,不用买计时器,手机也可以计时。但我不建议用手机计时,为什么?给大家讲一个真实的案例。

几年前我在一个孩子的家中观察孩子的学习习惯,本来孩子在用手机计时写作业,突然手机铃响了,孩子兴奋地大叫:"妈妈,电话。"这时,孩子学习的整个流程都被打乱了。所以,我建议给孩子买个计时器,让他可以清楚地看到每项任务需要多长时间完成。而且当孩子提前完成任务时,他会体验到"我跑在了时间的前面,我赢了"的成就感。曾经也有家长向我抱怨说:"我的孩子没有时间观念,我让他自己预测多长时间完成语文练习册,他一张嘴,告诉我需要4小时。"我当时笑着问家长:"您家有计时器吗?之前有没有训练过孩子的时间观念?"

辅助工具之四:ZINE App

很多手机上都可以下载 ZINE 这个应用程序。我认识的不少家长都喜欢用这个 App 来做美言录。原因有以下几点。

第一,可以美化字体,孩子会很喜欢。

第二,图文并茂,可以把一个美妙的瞬间保存下来,比如孩子专心写作业的神态。这样,将来在做三表一录中的星星表时,家长和孩子就都有一个共同的可执行的标准了。例如,星星表中提到的好行为是认真写作业,家长就可以指着 ZINE 中的照片说:"你看你写作业的时候多认真,头不抬,手不停,眼睛一直看着书和本儿。"否则,家长和孩子非常有可能就专心写作业的标准发生冲突,浪费时间。我来模拟一下亲子冲突过程。

"你好好地写。"家长说。

"我是好好地写呢。"孩子回答。

"你这就是不认真。"家长批评孩子道。

孩子则反驳或者虽然不反驳但是心里不高兴,这样自然也会影响孩子接下来做事的效率。几个回合下来,孩子和家长都很生气,时间也不知不觉浪费掉了。其实,发生冲突的原因主要是家长对孩子认真的标准和孩子认可的标准不同。

第三,这个 App 方便家长记录、保存和打印美言录,家长可以将美言录集结成册,打印出来作为孩子的成长日记。

辅助工具之五:电子表

电子表可以算是考试神器之一了。以我的学生李笛为例。那年的北京中考由于物理题偏难,很多孩子没有写完,有的孩子考完以后抱怨题难,还有的孩子当场就哭了。可是李笛同学不仅答完了题,还考了 98 分。我问他是怎么做到的,他回答:"第一,我写得比较快。第二,写完基础题后,我分析了一下后面题目的分数和难易程度,选择先写倒数第二道最难但是分数最高的计算题。写完以后,我心里松了一口气,然后继续写别的题。"我和孩子都非常兴奋,因为这意味着之前我们时间管理训练中的两个重要原则他都掌握并学以致用了。这两个原则是:第一,收集排序;第二,要事优先。李笛之所以能够很好地把控各个时间节点,就是因为他有电子表,他可以计算、调整完成时间和检查时间。

再次提醒各位家长,虽然很多孩子是到了小学高年级和初中后才需要更精准地管理时间,但那个阶段孩子不仅学习时间紧迫,学习任务也更繁重。所以,从小教会孩子使用时间管理工具是很有必要的。家长需要注意的是,给孩子选购电子表时,要注意三点:第一,尽量选择专业厂家的产品,以保证时间精准。第二,电子表功能尽量单一,保障孩子能专注于学习。我的观察是,电子表功能一多,孩子的注意力就容易分散。第三,电子表要字大清晰,保证孩子看得清楚。

第七章
任务清单，让孩子生活作息更规律

请家长先来思考一个问题：孩子磨蹭，不会管理时间，您着急吗？可能您已经发现了，越催，孩子越慢，或者虽然孩子当时能快点儿，但就是不能养成好的习惯。因此，咱们解决问题的欲望越强烈，反而越不能急着行动。孙子曰："谋定而后动，知止而有得。"将这句话引用到儿童时间管理上，我觉得再合适不过了。为什么？我的理解是谋划精准周全而后才去行动，而且知道在合适的时机收手。巩固阶段性的成果后再次出发，孩子逐步升级新的阶段目标后再重复相关训练流程，这样，家长才能实现对孩子的期望。

谋定而后动，三项工作早准备

在收集孩子的相关信息之前，需要家长做好以下三项准备工作。

变期望为目标

我曾经在家长课上请每位家长在纸上写下两个问题：第一，对自己的孩子都有哪些期望？第二，为了实现你的期望，你目前的做法或者说关键路径是什么？现场有位家长虽然说话不多，但却引起了我的深思。这位妈妈语气温和地告诉我她对孩子的期望是孩子的学习习惯能转入正轨，将来是个有担当、有责任感、幸福的人，并且能为国家做点贡献。然而当这位家长说到第二个问题时，却长叹一口气，表示孩子的行动与自己的期望越来越远。

我在此也邀请读者在夜深人静的时候，诚实面对自己的内心，在一张纸上写下你对自己孩子的期望，并且思考你目前的做法让孩子的行动与你的期望越来越近还是越来越远。如果是越近，恭喜你！这说明你和孩子努力的方向都对了；如果越远，则意味着你和孩子努力的方向不对，或者至少需要你先停下自己的前进的脚步，通读本书后再开始行动。

家长要将自己的期望变成目标——可以量化的目标。对此，家长可以参考世界管理大师彼得·德鲁克提出的 SMART 原则。SMART 原则概括来说有以下五点。

第一，Specific——目标要具体，越具体越好。

第二，Measurable——目标可以衡量，可以量化。

第三，Attainable——根据孩子目前的状态，制定能够实现的目标，避免目标定得过高，以致孩子畏难放弃。可能有的家长会问：老师，这些都是必须达到的目标，怎么办？我的回答是：目标可以达到，但要加上时间因素。

第四，Relevant——家长提出的目标要和孩子的成长有相关性。

第五，Time-based——目标要有时限性。为了方便家长参考学习，以前面提到的那位听课妈妈的期望为例。那位妈妈希望孩子的学习习惯能转入正轨，这个希望有些笼统，如果运用 SMART 原则，那么具体做法为：通过时间管理训练，用一个月的时间培养孩子能够自己管理做作业时间的能力，并按照约定的时间表，在两小时之内完成当天学校布置的学习任务。

当然，如果制定的目标主要是孩子学习方面的目标，在此推荐一个简单的办法：首先填写"孩子学习情况一览表"（如表 7-1 所示），即列出孩子各科的学习情况，例如期中、期末考试成绩小测验、作业成绩平均分、班级排名以及家长检查作业情况等；然后用签字笔在以上各项数据旁写下孩子要达到的目标。请注意有些目标不是一蹴而就能马上就能实现的，家长需要按阶段分解目标。

表 7-1　孩子学习情况一览表

项目	语文	数学	英语	历史	地理	政治	化学
平时作业成绩（A，A＋，B，B－……）							
平时作业完成时间（分钟）							
平时考试成绩（月考）							
期中考试成绩							
期末考试成绩							
班级排名							
年级排名							

当前状态

在填写"孩子学习情况一览表"，以下五点需要特别说明。

（1）期中、期末考试：是指最近的一次考试，可以是本学期和上学期的。

（2）平时考试、作业是指最近1~3个月的记录，如果没有具体的记录，家长可以根据主观感觉填写。

（3）如果有具体的分数，请直接填写在表格中，如果没有，请把等级填写在表格中，如优＊＊＊、优＊＊、优＊、优¯、良、中、达标、待达标等。

（4）班级排名：如果有排名可以记录下来，如果没有，请家长可根据自己的判断填写，目的是给自己提供参考，如10名左右、20名左右，或者中等、中上、中下等。

（5）家长检查作业：是指家长检查孩子作业的频率，如每天、每周3天、每周1天、从不检查等。

确认行动方向

家长要针对"学习情况一览表"呈现出来的问题确认孩子的行动方向。通常可以从以下三个方向入手：一是家长能做什么？例如自我减压、学习相关理念、技巧等；二是老师能做什么？当然，这需要良好的亲师沟通才能实现；三是孩子能做什么？在良好的亲子关系基础上训练孩子的时间管理能力。

4个磨蹭"雷区"及其破解方案

接下来，我要带着家长走一遍一日雷区，看看家长在这些时间节点具体应该怎么做。在一日雷区中的 4 个时间段最容易爆发亲子冲突,以致浪费大量时间,这 4 个时间段分别是早晨起床、吃饭、写作业和晚上睡觉前。以下通过四个真实的案例给家长详细介绍雷区中的 4 个时间段以及家长如何有效"避雷"。如果你家也发生过类似状况,那么以下案例中的家长智慧会对你有启发。

1 号雷区:早晨起床

以学生冰冰为例。6 时 50 分的闹钟响了,12 岁的冰冰还在蒙头呼呼大睡。心急如焚的冰冰妈妈急得走来走去,因为孩子再不起床就真的要迟到了。于是,妈妈大吼一声,冰冰醒了,然而,当冰冰看到时钟已经指向 6 时 50 分的时候,急了,质问妈妈:"谁让你动我的闹钟,我本来上的是 6 时 40 分,我特意留了 10 分钟。"妈妈解释这样做是为了冰冰好,为了让他多睡一会儿。谁料冰冰气哼哼地洗漱完毕后,饭也没吃就背起书包冲出了家门,临走时还说了一句"bad woman"。等到了工作单位,隐约觉得不是什么好词儿的妈妈向会英语的同事打听"bad woman"是啥意思。听完解释,妈妈有点伤心,自己不到 5 点就起床给孩子精心准备早饭,还特意调了闹钟就为了让孩子多睡一会儿,怎么就成了孩子嘴里的坏女人呢?经过辅导,冰冰不仅学会了生气时用"我的信息"与别人有效沟通,而且他和妈妈再也没有因为早晨起床发生过冲突,偶尔冰冰没有做到听到闹钟便起床的行动,也能心平气和地接受行为结果。为什么会有这样的改变呢?原因有以下三点。

(1)冰冰妈妈理解了青春期孩子的三大特点:一是逆反,反的就是各种权威,尤其是老师和家长;二是容易否定;三是负面情绪来得快,去得也快。

冰冰冷静下来后,向妈妈道歉,而且承诺下次用"我的信息"表达:"妈妈,我很生气,因为没经过我同意,您就调了我的闹钟。我希望您下次和我商量后再动。"

(2)设定各自分工。妈妈负责早饭,冰冰负责起床和洗漱。

(3)提前约定行为结果。冰冰自己定闹钟起床。但是,如果冰冰在听到闹钟铃响两遍后仍没有起床,当天晚上,妈妈有权设定第二天冰冰的起床时间,冰冰需要执行。当然,如果冰冰遵守约定,在闹钟铃响两遍之前起床,那么双方就继续执行之前的约定——冰冰自己定闹钟起床。

2号雷区:吃饭时间

以学生森森为例。刚上小学一年级的森森一到吃饭的时候就能让家里人打一遍"罗圈儿"架。简单来说,家里的大人们能因为森森吃饭彼此攻击,吵一遍。妈妈喊:"森森快来,该吃饭了。"叫了几次都没反应。再一看,孩子正在兴致勃勃地拼乐高呢。

"你要是不来,就没饭了。"妈妈再喊。

"我知道啦。"森森虽然嘴里答应着,但手里没停下。

全家吃完饭后,妈妈开始收拾饭桌。姥姥心疼孩子,不让收拾,教训妈妈:"你等会儿再收,孩子还没吃呢。"妈妈坚持收,姥姥不让,于是,两个人你一言我一语,为孩子吃饭的事儿吵了起来。等妈妈冷静下来一想,不对呀,自己和姥姥吵起来,森森倒是钻了空子。因为森森知道,就算不来吃饭,姥姥也会给自己留饭。

于是,妈妈计上心来。因为孩子偏瘦,妈妈带孩子去检查身体后,诚恳地和姥姥说:"妈,淼淼老这么瘦,我也着急。去医院检查了一下,大夫说与孩子不能规律进食有关。为了淼淼,我想这样……"姥姥听着是为了能让淼淼有一个好身体,长叹一声后,居然破天荒地没有反对。

妈妈和姥姥沟通之后,在淼淼放学回家后郑重其事地告诉他:"淼淼,从今天开始,饭做好了我叫你,叫你3次不来,我们吃完饭就收。你要是没来呢,就只能等到下一顿饭了。姥姥也不会再给你留饭了。"

"好的,没问题,妈妈,你一叫我就来。"淼淼答应得很快。

让妈妈失望的是,淼淼说归说,做归做,到吃饭时间又没来。妈妈和姥姥对望了一眼,谁都没说话。果然,过了一会儿淼淼来找姥姥说自己饿得不行了。但是这次姥姥和妈妈一起告诉淼淼饭没了,只能等第二天的早饭了。

"哪儿有不给孩子吃饭的家长?我快饿死了,我死了,你们就没儿子了。"淼淼开始耍赖。

看姥姥有些动摇,妈妈平静地又重复了一遍刚才的话。显然,妈妈没有发火,这让淼淼有些意外。

"那明天早上5时开饭。"淼淼又开始讲条件。

妈妈开始给淼淼讲道理:"没错,你明天早上一定很饿。但5时就准备好早饭对妈妈来说确实太早了,6时妈妈会把早饭做好,闹钟一响,你自己起床洗漱后就来吃吧。下一次如果误了吃晚饭,第二天早上妈妈也只能在6时30分准备好早饭。"无可奈何的淼淼只好回到自己的房间。

有了"动真格"的妈妈和姥姥,淼淼在多数情况下都能一叫就来吃饭。虽然有时候淼淼没马上来吃饭,但是隔几分钟就能跑过来。

淼淼的吃饭问题最终得到解决,我认为是因为淼淼妈妈做对了三件事:

一是教育原则一致：妈妈调用专业资源，提前和老人沟通，形成教育联盟，避免孩子钻空子；二是家长态度平静坚定。妈妈没有像以前那样虽然嘴上絮叨孩子不来吃饭，但是最终都会因为心疼孩子而让孩子吃饭。相反，妈妈开始平静坚定地告诉孩子自己会怎么做，并且坚定执行；三是提前约定行为结果。妈妈与森森提前约定一个合理的行为结果，也就是说一顿饭没有，并让孩子承担"不吃饭会饿"这样的行为结果。而且，妈妈还循序渐进地提前告知孩子，下一次如果没来，那就只能正点儿开饭，不会提前。森森妈妈的行为用一句话概括就是：不伤害孩子的情绪，而是专注于问题解决。

3号雷区：写作业时间

以学生晓燕为例。晓燕正在写作业，晓燕爸爸坐在晓燕房间的沙发上看书。这天是晓燕爸爸照看孩子。夫妻俩有分工，周一、周三、周五由爸爸负责孩子作业，周二、周四、周六由妈妈负责孩子作业。难得忙完家务活儿的妈妈在听音乐。然而，每隔几分钟，父女俩就开始嚷嚷，急需妈妈去"救火"。起因无非是爸爸觉得孩子坐姿不好了，或者是桌面太乱了，再或者就是孩子不写作业发呆，等等。妈妈一趟趟地跑去"灭火"，不胜其烦。

又一次听到父女俩嚷嚷的时候，妈妈进到房间，给爸爸使个眼色请爸爸出来。妈妈先抱了一下爸爸，然后才说："这样行吗？咱们看孩子的优点。你觉得她哪里做得好就夸她。她好好写作业没发呆的时候，你夸她写作业专心。孩子坐姿好的时候，你夸她坐得端正。"

"我夸不出来。"爸爸虽然表情温和，但还是直言。

"那这样行吗？咱们先都从孩子的房间出来，让孩子自己写。"妈妈继续和爸爸商量。

这次，爸爸没说同意，但也没反对。接着，妈妈回到孩子房间，问晓燕："爸爸老说你，你觉得很烦，对吗？"

"嗯，一会儿就说我。"晓燕大声说。

"那要是你自己写，爸爸不陪着行吗？"妈妈接着问。

"行！"晓燕的眼睛当时就亮了。

"咱们一项一项看看需要多长时间？"妈妈接着问。

"一小时。"晓燕算了一下回答道。

"好，爸爸和妈妈都相信你自己能独立完成作业，给你一个半小时。正好咱们也试一下，如果一个半小时我们回来发现你的作业都完成了，明天我和爸爸就不陪你写作业了。当然，如果没写完，那我们也只好继续陪。"妈妈说。

晓燕非常珍惜这个机会，作业如约完成。

分析一下，晓燕妈妈把握住了三个重点：一是家长观点一致。妈妈先是拥抱爸爸，动之以情，缓解爸爸的情绪而非指责爸爸对孩子批评太多。因为双方没有太多情绪夹杂其中，家长观点很快达成一致。二是接纳孩子的情绪。妈妈接纳孩子的情绪后才和孩子讨论确认其能否独立完成作业以及完成的时间。妈妈的主要目标是让孩子能够自己独立完成作业，所以，刚开始尝试的时候，特意在孩子估算的 1 小时的基础上，给孩子多留了半小时，以使孩子更有可能体验到成功。三是让孩子为行为负责。因为孩子需要为自己的行为承担结果，所以孩子努力约束自己，在约定的时间内独立完成了作业。

4号雷区：晚上睡觉前

以学生光光为例。某天晚上，光光的爸爸妈妈告诉光光赶快刷牙洗脸睡觉。但是，好不容易才把作业写完的光光，并不想放下手里的平板电脑。妈妈催了几次，光光嘴里答应着，可眼睛还盯着平板电脑屏幕。妈妈想直接从光光的手里把平板电脑拿过来，但是光光哪里肯松手。看着母子俩都有些急躁，一旁的爸爸赶快跑过来，在妈妈耳边轻轻说了几句话，妈妈松手了。光光有些愕然，抬眼看着爸爸和妈妈。爸爸平静地问光光："你现在给我，还是 5 分钟以后再给我？"光光嘴里说着"5 分钟以后"，就又赶快玩儿起来了。爸爸边定计时器边说："定时器响了你交给我。这样，咱们下次还能玩儿，否则，停玩一天。"到时间后，光光就将平板电脑交给了爸爸。爸爸马上肯定光光说话算话，特别遵守约定，像个男子汉。一句话说得光光满脸喜悦，蹦蹦跳跳地去洗漱了。

我将光光父母的三个重点行为分析如下。

（1）争取权利。当时，妈妈和孩子争平板电脑并生气的瞬间，孩子的行为目的就是争取玩平板电脑的权利。双方继续争下去的结果很可能是浪费很多时间。爸爸让妈妈松手，就是让一方退出战斗。

（2）让孩子选择。爸爸给了光光两个选择。其实，我发现很多时候亲子之间为了争该不该有 5 分钟，而浪费的时间有时远不止 50 分钟。

（3）肯定孩子的努力。虽然孩子做出妥协是为了避免承担行为后果，即如果自己不按时交出平板电脑，那第二天一整天都不能玩。但是，爸爸却强调的是孩子的主观努力。光光其实非常清楚家长对他的期待，他也知道接下来他应该做什么。所以,无须爸爸提醒,光光自己就主动去洗漱睡觉了。

通过以上四个真实案例,家长已经熟悉了一日雷区并且掌握了一些"避雷"技巧。以下进一步通过雪儿的案例来看:为什么家长需要收集相关资料并最终形成任务清单?没有任务清单会出现哪些问题?

周六上午,妈妈说下午要带雪儿去参加一个小姐姐的生日聚会,妈妈要求雪儿上午就把作业写完。这样,雪儿吃完饭休息一会儿,练练琴,再练 1 小时英语,妈妈就可以带她去商场挑选礼物,并且妈妈准备给雪儿和那个小姐姐各买一个礼物。雪儿听了之后,马上欢快地答应了。

雪儿吃过早饭,跟妈妈说想看一会儿电视,妈妈要求雪儿看 30 分钟之后就去写作业,雪儿答应了。妈妈有些困倦,就又去睡了一会儿。半小时后,妈妈听到雪儿跟家里的阿姨说正在写作业。等妈妈从卧室里走出来的时候,雪儿把测试已经做完了。妈妈表扬了雪儿,并要求雪儿把没完成的作业题读三遍,然后自己完成,雪儿也答应了。但等妈妈买菜回来的时候,发现雪儿并没有完成作业。因为妈妈要忙着做饭,所以就再次跟雪儿强调说要她独立完成作业。让妈妈没想到的是,午饭已经做好了,雪儿还是没有完成作业。

吃完午饭已经 1 点多了,妈妈开始让雪儿做口算练习和书本作业,雪儿还是磨磨蹭蹭的。稍微遇到难一点儿的题,她就说自己肯定做不好,做不出来,皱着眉头抱怨半天可就是不行动。于是,妈妈发火了,开始批评雪儿。接下来的画画作业和英语练习,雪儿也一直拖拖拉拉,等到下午 5 时 30 分还没有完成,好在剩下的不多了。妈妈认真思考了一会儿,还是决定让雪儿停下来,出去放松一下。雪儿的表现让妈妈有些失望,孩子用了那么长时间,还是没完成作业,而且还有好多学习任务都没有完成,比如练琴和每日阅读,一天的学习就这样结束了。问题是这样的情况经常出现,让雪儿妈妈除了沮丧就是失望,迫切想找到解决问题的办法。

从雪儿这个案例可以看出,孩子虽然花费了大量时间,但是却并没有完成所有的任务。问题出在哪儿了?接下来从以下三个方面快速分析一下主要原因。

(1)随意性大。雪儿和妈妈都比较随意。妈妈早上告诉孩子写作业、练琴、再练英语1小时,然后却去了商场,雪儿具体都有哪些作业,妈妈和孩子并没有确认。而且每日阅读这个作业,妈妈在孩子开始学习之前并没预留,可妈妈却抱怨孩子没有完成这个作业。虽然最后孩子没有写完作业,但妈妈还是带孩子去了商场。这样,孩子下一次可能还会拖拉、耗费时间,因为除了妈妈的批评,孩子好像也不需要承担任何学习任务没有完成需要承担的行为结果。

(2)预测时间。雪儿和妈妈由于对每一项作业需要多长时间完成并没有概念,所以,妈妈没有和孩子设定目标,即每科作业具体用多长时间完成。

(3)要事优先。孩子吃过早饭后本来应该开始写作业了,却又提出看电视的请求,妈妈不但没有阻止还答应了。这样,雪儿写作业的重要事情就又往后延了。

要解决以上这些问题,雪儿和妈妈就需要收集资料,逐步形成任务清单,否则,雪儿这样拖拖拉拉的习惯肯定无解,而且会一直持续下去。

3步形成任务清单

资料收集也有3步:时间日志、任务清单和具体化完成标准。

（1）时间日志。时间日志的做法是在电脑中用 Excel 表格或者找一个笔记本做记录，以一周为宜。当然，在实践过程中，也有的家长为了追求精准，记录了两周或者三周的任务及执行情况。一周记录需每天一页，从周一到周日，需要 7 页。目的在于找出孩子目前阶段完成每项任务所需要的标准时间。最后再加个第 8 页，作为统计标准时间使用。每页都有 5 个栏目，从左到右依次是任务序号、任务明细、开始时间、实际完成时间以及备注。备注一栏中可以将孩子执行任务过程中家长的任何观察、想法或者感悟写下来。

最后的第 8 页，简单来说就是将孩子从周一至周五执行每项任务所需时间除以 5，算出平时的标准时间。周末的任务和平常不太一样，家长需要将孩子在周末执行每项任务所需时间除以 2，就能算出周末的标准时间了。

当然，您也可以根据以上方法自行制定符合自家实际情况的时间日志。

（2）任务清单。根据时间日志的一周记录，家长就可以做出任务清单并在相应的栏目中做记录了。5 个栏目，从左到右依次是任务序号、任务、实际时间、标准时间以及节省时间。

和之前的时间日志不同，任务清单中多了一项节省时间。此时，家长需要在孩子执行任务前和孩子约定，虽然时间日志中的每项任务都有标准时间，但是，如果孩子能够提前完成，节省出来的时间、剩余的时间都是他的自主时间。这样设计的目的在于让孩子实实在在地体验到提前完成作业是值得的，不用担心提前完成任务之后，家长还有更多的任务交给他。

正如雪儿家的情况，雪儿慢慢发现，写作业耗得太晚，时间没了，有些增加的任务就不用完成了，自然就会日复一日地磨蹭。因此，如果孩子不用担心完成任务后家长会额外增加任务，那么他就会愿意付出最大的努力，甚至发挥潜能。家长也能了解到孩子在这项任务的执行上到底能有多快。这样做的另一个重要目的是为下一步提升精度做准备。假以时日，水涨船高，孩子执行此类任务的时间会不断缩短。再经过一段时间的巩固，1~6个月以后（每个孩子情况不同），家长就可以和孩子沟通提升精度。当然，如果家长在物质和精神上的鼓励跟上了，孩子也确实有充裕的时间时，通常他会愿意与家长合作。

（3）具体化完成标准。请用文字记录下孩子已经做到的具体行为，例如作业完成后立即按照记事本收拾。如果有手机拍摄的图片用来配合文字记录，效果就会更理想。

最后，特别提醒家长要注意孩子作业量的设定。为了培养孩子的时间观念，提高效率，家长需要让孩子明确作业量，知道自己什么时间该干什么，以及完成之后能得到什么奖励，不完成任务需要接受哪些后果。家长列出孩子当天的作业量后，可以预估每一项作业所需要的时间，预估原则是孩子完成这些作业还有玩的时间（每天至少有1小时），这样，他才愿意合作。如果孩子完成作业后没有玩的时间，就说明两个问题：第一，作业量过多，请在第十章关于ABC排序法的介绍中寻找答案。第二，孩子完成学校作业后还有额外的家庭作业。这样的话，孩子觉得反正我也没有专门玩的时间，那干脆就边写边玩吧。所以家长需要注意，一个阶段设定一个主目标最为合理。如果目前阶段的主目标是要求孩子快速完成学校作业，那就先全力以赴、保障此目标的实现。

第八章
"三表一录",专治写作业拖拉

案例解析:如何制定有效的"三表一录"

三表的作用是借助"外力",通过孩子想要达成的愿望,例如学射箭、得到玩具等激发孩子学习的外驱力;一录,就是美言录,它的作用是肯定孩子的主观努力,激发孩子的内驱力。具体来说,时间表给出了孩子每天需要完成的各项任务和所需要的时间,星星表给出了孩子完成任务后获得的红星,礼物表则给出了孩子用红星可以兑换的礼物。

实践证明,成功的三表一录都是相似的,失败的三表一录则各有各的不足之处。一份成功的三表一录从制定到执行都离不开三个心理学理念,其分别对应到以下三点:目标合理;在最近发展区完成任务;成功效应。只有满足以上三点,三表一录才能成功执行,否则,通常会在执行中遭遇失败。

家长能够将自己的期望变成目标,再将总目标进行分解。根据孩子当前的状态,给孩子制定的分目标或者阶段目标符合任务执行难度的舒适区和发展区。因此,孩子是在自己的最近发展区学习。当孩子发现自己稍加努力就能成功时,就会干劲儿十足,并且愿意不断挑战自我,取得一个又一个的成功,最终成就感爆棚。成功效应也由此发挥作用,不断正向循环。

那么,家长怎样才能制定并且成功执行一个供平时学习使用的三表一录呢?我以学生元元举例说明。元元妈妈觉得顶多需要30分钟的做作业时间,元元晚上却耗了3个多小时都没写完。眼看天色越来越晚,孩子不能按时上床睡觉,妈妈又心疼又生气。于是,她强扯着元元走到窗户边上,没好气地说:"这么晚了,你看看,谁家灯还亮着?"元元以为妈妈让他数灯,于是,认真地数了起来,"一盏、两盏……"妈妈暴怒,认为孩子成心捣乱,于是打了孩子一顿。

妈妈还说,元元写作业特别不主动,大多是在爸爸提醒、催促了几次之后,他才勉强开始写。元元写了10分钟作业,妈妈过来,看到元元有些字写得歪歪扭扭,就用橡皮擦了,让他重写。于是,元元就开始磨蹭,他一会儿玩儿橡皮,一会儿玩儿尺子。最后,元元一个字也不写了,就坐在椅子上耗时间。

问题清楚了,接着分析原因。元元最初虽然有些不愿意,但还是开始写作业了。然而,在写作业的过程中,元元妈妈非但没有肯定孩子克服困难、努力写作业的好行为,反而不断提高要求,例如要求孩子30分钟写完,还得字迹工整。这样,孩子的任务难度不断加大,压力当然也在持续增加,于是,在爸爸妈妈联合起来训斥元元以后,元元更是进入了破坏区,完全不写了。

显而易见,30分钟完成作业,还要字迹工整,对于现阶段的元元来说,这个目标太高,产生的压力过大。所以,原本只要30分钟的做作业时间,加上亲子冲突浪费的时间,3个多小时都没有写完。这就说明目标制定得不合理。

前后经过1个月的辅导,元元愉快地实现了爸爸妈妈的期望。重点是元元对自己的自我定位,他坚定地认为自己就是一个不怕困难而且最终一定能够想出办法,并克服困难的孩子。活泼型性格的元元能做到这些,主要在于我和家长当时做了以下三点。

(1)目标合理。首先,将元元妈妈要求孩子快速认真完成作业的期望变成一个具体的目标:30分钟内字迹工整地写完作业。其次,根据元元当时的现状,我们将目标分解成了三个阶段目标:一个半小时、一小时和半小时。为什么这样分解?因为元元妈妈最初要求孩子30分钟内字迹工整地写完作业,导致元元觉得任务太难完成,因此压力大增,最终进入破坏区不写作业,浪费大量时间。

(2)最近发展区。根据苏联教育家维果茨基的观点,教育对儿童的发展能够起到主导和促进作用。能否加速儿童的发展取决于老师和家长是否能够找准孩子的最近发展区,即孩子已经做到的和通过成人的帮助能够做到的两种水平之间的差异区域。对应来说,就是耶克斯·多德森定律中对于任务难度的界定:舒适区和发展区。

我们是怎么评估元元当时的现状的呢?通过记录一周的时间日志,我们找出了元元字迹工整地完成作业的舒适区是两小时,再通过记录一周的任务清单,我们找出了元元能够节省出来的时间是30分钟,这样,我们就知道孩子完成作业的发展区是一个半小时。妈妈期望的半小时完成作业并且字迹工整对于当时的元元来说就是潜能区的任务。因此,从元元的舒适区开始训练,第一个阶段的目标就定为一个半小时。我们和孩子约定,两小时之内完成学校作业,加 1 颗红星,每提前 10 分钟加两颗红星。由于孩子每天都能得到红星,而且稍一努力,红星还加倍。对元元而言,跳一跳就能进入发展区。经过 1 周的练习,元元的能力提高了,原来发展区的任务就变成了他的舒适区。所以,当元元的爸爸妈妈开始第二个阶段的目标——1 小时的时候,元元顺利闯关成功。在这个阶段,元元的舒适区是一个半小时,发展区就变成了 1 小时。因此,第三个阶段的半小时目标就自然水到渠成了。又经过 1 周的练习,元元的能力继续提高,他的发展区就变成了半小时。最终,元元轻松做到了原来潜能区才能完成的任务。在这个过程中,孩子每天都能得到红星,而且稍微努力跳一跳就进入了最近发展区,能得到更多的红星。

关于红星表的制定,需要注意三个重要原则。

① 三分之一原则。星星表中的项目对于不同的孩子来说难度是不一样的。因此,给予的红星标准也不一样。一般来说,根据自己孩子当前的状态,把星星表中的项目按照任务难度分为三类。三分之一的项目为简单任务,对应的是舒适区;三分之一的项目为中等任务,对应的是发展区;三分之一的项目就是复杂任务,对应的是潜能区。

② 强化主动性原则。为了提升孩子自己的主动性和自控力,减少家长的催促、唠叨,建议家长在星星表中找出 3～4 项任务设为主动项,并将星星的数量设为"5321":回家以后主动写作业,给 5 颗红星;需要家长提醒 1 次去写的,给 3 颗红星;需要家长提醒 2 次去写的,给 2 颗红星;需要家长提醒 3 次后才去写的,给 1 颗红星。

③ 具体化原则。尽量用具体的语言描述孩子需要完成的任务,例如避

免在红星项目中填写"上课认真听讲",建议家长填写"上课积极举手回答问题"。例如:上课举手回答问题,给 1 颗红星;坚持举手回答问题,等着老师叫自己回答,给 2 颗红星;坚持举手,老师叫自己回答,而且还能回答正确,给 3 颗红星。为什么这样设计?如果孩子举手回答问题,他就需要听课。这样,目标就具体化了。而且,因为一个班的孩子很多,不会是孩子一举手,老师就叫孩子回答问题。所以,很多孩子举了几次手,发现老师不叫,就又开小差,去干别的事情了,这就需要家长加大红星数量,让孩子愿意坚持举手,持续听课。孩子为了正确回答问题,才会愿意持续地认真听讲。

请家长一定记得给孩子写美言录,至少每天一条。因为我相信,家长最终的目标还是想激发孩子的内驱力,而不是止步于外驱力。

(3)成功效应。当元元发现自己不仅能够用红星换到自己喜欢的礼物,而且爸爸妈妈还在每天睡觉前给自己读美言录,肯定自己为了提前完成作业而付出的各种努力,例如:"元元头不抬,手不停,眼睛一直看着自己的书和本儿。"元元现在对自己非常满意,每天完成作业后就高高兴兴地享受自己的自主时间去了。为什么会有这样的变化?因为孩子努力之后达到了目标,产生了成功效应,那么他就愿意继续克服困难,解决问题,迎接新的挑战。元元原来不愿意努力,是因为他努力以后总是达不到目标,完成不了任务,这种失败的体验累积多了就形成了失败效应。

有些家长在执行时间表的过程中,会发现孩子对于那些稍微努力就能够达到目标的任务更愿意去做,而对于那些努力之后经常无法达到目标、需要下很大功夫才能达到目标,或者怎么努力都达不到目标的任务,就不愿意去做,原因就是前者产生了成功效应,后者则产生了失败效应。

这里需要特别提醒家长:如果亲子关系不好,在只用"技术、工具"来要求孩子完成目标任务的情况下,孩子会感觉你是用什么"招数"对付他,这种心理很可能会给家长制定并执行三表一录埋下隐患。因为每个家长都能做表格计划,但是如果孩子不愿意去执行,那前面的工作就都打了水漂。如果亲子关系不好,建议前期家长只做美言录,并且寻找孩子感兴趣的话题,与孩子一起聊天或者共同完成孩子有兴趣的活动。

曾经有一位初中生的妈妈与孩子的关系总是在理智和情绪中徘徊,所以孩子的进步也不稳定。情绪过去后,这位母亲告诉我她本来是要"养天使",养着养着被孩子激怒,重又回到了"养魔鬼"的状态。这样来回徘徊,功过抵消,让家长和孩子都很沮丧。因此,我当时建议那位妈妈找个夜深人静的时候用"心"想想到底要引导孩子往哪个方向走。定了方向之后就坚定地往一个方向前进,中间发脾气了,提出问题一起想办法,然后再回到主要方向上。后来,当这个孩子的行为出现质的飞跃后,家长情不自禁地告诉我,她已经切实体会到持续美言的神奇功效了,并表示孩子上高中后,她要坚持每天都写美言录。

案例解析:"三表一录"的失灵原因

接下来看看"三表一录"失灵的三种比较典型的情况。

第一种:没有关注孩子的进步

小勇妈妈在执行小勇平时学习用的三表一录时,打来求助电话,描述孩子的问题。这位妈妈的困惑是:晚上 7 时她下班后去托管班接小勇。刚一进门，托管班的老师就向小勇妈妈抱怨说小勇不愿意做作业。妈妈一看，小勇就只做了两道小题的数学填空。妈妈显然有些失望，但是也在意料之中，所以，她并没有生气，而是平静地和孩子一起回了家，并说让孩子回家以后再做作业。结果，让妈妈非常意外的是，小勇居然一脸兴奋地说他要买玩具。妈妈一听就有点生气了，心想：作业都没做，还想买玩具！在妈妈强装镇定的时候，小勇有些邀功似的告诉妈妈说："我今天抄了8项作业，这样，我就挣了8颗红星！"

虽然这对于平常在学校什么都不抄不写的小勇来说确实算是进步，但是当时妈妈还在为孩子要买玩具的事生气，所以，只是淡淡地回应了孩子，说他确实有进步，然后就跟孩子强调，只有8颗红星是不够买玩具的，这和之前约定的红星数量差得还很远。因此，妈妈提出，如果他要买的话，就要在托管班赶紧做一些作业，多挣红星，或者回家再做，做完之后就在小区超市买。小勇一听，就赖在托管班既不做作业也不起身回家。

当时妈妈一心想要训练小勇的延迟满足能力和自己必须得坚持红星兑换数量的原则，避免孩子养成每次从晚托班回来都要去买东西的坏习惯。于是，妈妈的情绪也上来了，开始警告孩子：现在教室里还有这么多同学在学习，这样肯定会影响别的同学。妈妈让小勇赶紧起来，有事儿回家再说，否则她就自己回家，让小勇自己一个人回家。话一说完，妈妈还倒数了"三二一"。小勇回答得非常干脆，他就要坐在托管班，除非妈妈买玩具。

妈妈想着再待下去做家长的威信全无，所以，只好掉头走出教室。妈妈在外面等了一会儿，孩子也没跟出来，最后她只好自己一个人到另一间教室的角落里坐了一会儿,又给小勇爸爸发微信,希望爸爸能说服孩子,但是并没有成功。过了一会儿,小勇从教室出来,到处溜达起来。当小勇看到妈妈还在另一个教室时,就抿着嘴笑了一下,又走过来把妈妈放在桌上的电动车钥匙拿到手里,撒腿就跑。妈妈在后边追了一下也没追回来。于是,妈妈气得往家的方向走。走了一段路之后,妈妈眼看孩子没有跟上来,有些担心孩子的安全,又往回走。结果发现孩子在托管班门前正开心地打篮球呢。

我先来分析以下三个问题。

（1）行为目的。由于之前家长采用催促、警告、唠叨的"狼追型"养育方式,所以,孩子在学习上有太多的失败经历。因此,从行为目的来说,孩子已经走到了自暴自弃。也就是说,孩子觉得自己是没有希望的,怎么努力也不行。

（2）没有及时调整、分解目标。由于第一个问题,孩子和自己比较,开始抄作业就已经是一个很大的进步了,因此,孩子需要尝到努力后的甜头。此时,家长需要针对孩子的这个进步,给孩子一个意料之外的惊喜。例如,在孩子要买玩具可红星不够的情况下,家长可以先把玩具买了。然后告诉孩子他的进步很大,抄了8项作业,他已经拥有了这个玩具的使用权。家长要让孩子明白,孩子用自己的好行为,为自己挣得了8颗红星,8颗红星能玩8分钟玩具。孩子玩完玩具之后家长要收回并暂时保管。同时告诉孩子,等他攒够了之前约定的红星数量,就会把玩具的所有权交给他。

（3）情绪管理。由于前面第1个和第2个问题,家长的情绪比较激动,这就导致家长之前听过、学过的一些适合孩子的驱力型养育方式,比如针对力量型性格孩子的办法都临时"忘记"了。等到情绪恢复平静后,家长才想起来。因此,建议小勇妈妈自己主动承担行为结果,为自己的情绪管理买单。例如,批评孩子,给孩子5颗红星;动手打孩子,给孩子10颗红星。

第二种:目标不合理

由于方方家的三表一录执行不下去了,所以,方方爸爸特意利用午饭的时间来向我咨询。方方爸爸坐下来说话的时候不断擦汗,没一会儿白衬衣上就浸满了汗渍。在我关切地询问下,方方爸爸才从上衣口袋取出两个药片吞服了下去。吃完药之后,才有些尴尬地向我解释,他的低血压犯了,光顾着说孩子的问题,自己的药都忘吃了。

根据方方爸爸的描述,我发现目前有三个问题。

一是方方的爸爸妈妈制定的星星表项目太多,例如希望孩子同一时间段内,按时完成作业、提升学习成绩、解决弹钢琴折指问题。二是亲子冲突爆发是因为方方在读英语课文时有些卡壳,爸爸让孩子去洗手间洗一把脸,先清醒清醒再继续,结果方方梗着脖子说:"我是不会去洗脸的,你看着办吧。"有些生气的爸爸反过来刺激孩子说:"你不想要红星了吗?"方方马上回应:"对!"孩子满不在乎的回应终于激怒了爸爸,爸爸气得拿孩子最想要的乐高做诱饵,步步紧逼,又问:"乐高也不要了,对吧?"方方依然异常冷静地回应:"对。"三是方方消极怠工,只有在学校老师盯得紧的时候才勉强做一些作业。

针对方方爸爸的具体描述,我提出了以下三点建议。

（1）行为目的。当方方说出那句"我是不会去洗脸的"话时，孩子的行为目的已经是在和家长对抗、争取权利了。因此，下次遇到类似状况的时候，方方爸爸就要先退出父子俩的斗争。爸爸可以使用之前讲过的"一离二吸三凉水"的"灭火"口诀，让自己先平静下来，再转移孩子的注意力，请他给家长帮个小忙，但这个小忙是他力所能及的小事儿。通常，家长在管理情绪的时候，孩子自己也会反思、调整情绪。

（2）项目太多。在项目太多的情况下，任务难度太大，孩子就不愿意做了。因此，家长需要排出优先顺序，看看哪一类问题是急需解决的，哪些任务是基于孩子的现状相对容易解决的，例如，是弹钢琴折指、提高学习成绩急需解决，还是作业按时完成急需解决？对提高学习成绩这一项来说，还需要家长分解目标，例如，先解决作业按时完成，再解决作业的正确率，之后才是分科目的成绩提升。

（3）家长需要留意那些孩子宁肯不要红星也不做的项目。这次的亲子冲突其实是可以提前避免的。在执行三表一录的过程中，如果父母发现给孩子设定的某项任务，孩子宁肯不要红星也不做这件事，或者某项任务连续3天都没有得到红星，就要考虑这项任务是否违背了最近发展区理论。如果这项任务违背了最近发展区理论，家长就要把这项任务进行分解，如分解成两个任务，先完成其中一个，再完成另一个；如果孩子还不愿意去做，就要再拆分，如先完成四分之一。

例如，一位妈妈为自己孩子制定的星星表就很有创意地做了目标分解。她将孩子早上的活动具体分为5个环节，每一个环节再进行目标分解、细化标准，使其符合从孩子的舒适区到潜能区的提升，可操作，可衡量，孩子每天、每项都能得到红星。家长负责目标分解，不同的标准给予的红星数目不同，用红星的多少来激发孩子的潜能，孩子得到的红星数量就是目前的能力所及。例如，拿孩子起床的例子来说。①起床叫三次，5分钟内离开床，给1颗星；②自定闹钟，5分钟内离开床，给2颗星；③自定闹钟，按时离开床，给3颗星；④自定闹钟，提前离开床，给4颗星；⑤自定闹钟，提前离开床，听英语，给5颗星。

第三种：孩子自己不能决定自己的礼物兑换

涵涵爸爸很纳闷，孩子周一能在学校写完作业，然而接下来的几天就没在学校完成过作业，即使在家写作业，也开始有了拖拉的苗头。又一个周一下午，爸爸去学校接涵涵的时候，涵涵一见爸爸，就兴高采烈地告诉爸爸她的作业在学校已经都写完了。接着涵涵又兴奋地告诉爸爸，加上在学校完成作业的红星，她已经攒够去吃麦当劳的15颗红星了，而且当天没有课外班，涵涵想让爸爸马上带她去吃麦当劳。之前家长就和孩子约定如果能在学校写完作业，就红星加倍。涵涵爸爸一听，心里有些别扭，因为礼物表中的麦当劳，是孩子软磨硬泡后，妈妈才写进去的。爸爸觉得妈妈太惯着孩子了，麦当劳是"垃圾食品"，不应该吃。但是，当时母女俩都同意，而且爸爸也确实被涵涵这两年上学以来的写作业磨蹭烦得够呛，所以，也硬着头皮答应了。情急之下，涵涵爸爸想到了一个办法，便和涵涵商量："你看，奶奶都那么大岁数了，一定已经在家把饭给咱们做好了。咱们要是去吃麦当劳，奶奶该伤心了。"让涵涵爸爸颇感意外的是涵涵的回答，涵涵说："我早晨上学前，都和奶奶说好了。我今天在学校少玩会儿，把作业都写完了，星星就能翻倍。

攒够星星，就能让我爸带我去麦当劳。奶奶当时还夸我，我孙女儿真能干！"涵涵爸爸张嘴还想再劝孩子放弃这个想法，就见涵涵嘴一噘，哭着说："不去了，真没劲。"然后，大步跑回家。看孩子还是跟自己回了家，爸爸也没再说什么，直到觉得哪里有些不对劲，才打电话来向我们咨询。

当时，我为这位爸爸做的辅导有以下三点。

（1）孩子要能决定自己的礼物。当孩子不能决定自己的礼物时，她会觉得自己在学校的快速写作业是不值得的。所以，孩子的积极性就开始下滑。举个例子类比一下，就像我们在单位努力工作，但是挣了工资之后，却不能决定自己的工资怎么花一样。所以，请让孩子自己决定要兑换什么礼物。

（2）调整礼物表。如果爸爸和家里其他成员对于礼物表的内容不能达成一致，需要当时提出来，大家继续讨论。当然，如果不涉及安全和健康等原则问题，还是需要以孩子对礼物的想法为准，因为她才是三表计划的执行人。不建议等孩子已经用好行为挣到红星，却找客观理由推脱。孩子们是非常棒的观察家，很多时候，他们能敏锐地感知家长的真实想法。

（3）没有"垃圾食品"，只有垃圾吃法。我的观点是偶尔吃一回"垃圾食品"没有问题，天天吃肯定会有问题。所以，如果家长实在觉得应该让孩子少吃麦当劳，就可以适当提高红星的数量，由孩子自己决定是否要吃。

教子智慧分享：把主动权交给孩子

最后，我想在此分享一位智慧妈妈的成长心得，供家长们学习参考。

要开学了，多多妈妈想给多多调整好作息并且帮她收收心。多多早晨磨蹭了一会儿，最后还是在 8 时 30 分起床了。多多有点儿小情绪，主要是因为家长希望她能做点什么，而多多就是不太愿意配合。妈妈时刻注意着自己的语调，尽量不激化矛盾或者夹杂负面情绪。多多起床后，妈妈提醒她应该像平时那样读书了，孩子虽不太情愿但最后还是读完了。之后孩子就不愿配合做其他事情了。早餐后，多多跟妈妈说想看下动画片，妈妈突然灵机一动：何不把主动权交给孩子呢？她自己的事情本就应该由她自己主动去做，而不是由家长来三催四请，被动完成。她才是当事人呀。从这一点出发，妈妈对多多说："宝贝，可以，但妈妈希望知道你是如何安排你这一天的！"多多思考了一下告诉妈妈："要先看 10 分钟动画片，休息 5 分钟；然后读英语，再休息 5 分钟；之后读国学经典，休息 5 分钟；最后弹尤克里里。"

妈妈马上答应孩子说都按她说的办。最后，还肯定了多多的计划非常完美，上午就把所有事情一口气做完，下午就只管专心去玩了。最后，妈妈和多多提前约定，希望多多在做这些事情的时候不需要妈妈再提醒，妈妈只提醒时间到了，多多就要自觉去做了。多多答应之后，就开心地去看动画片了。多多果然很开心地按计划一件一件地把事情都完成了。妈妈只管在一旁做自己的事情同时验收她的学习成果，这让妈妈感到无比的轻松自在。

接下来的几天，妈妈计划要继续强化，让孩子养成做事有计划、时间有规划的习惯，由孩子自己妥善安排好自己的学习和生活，彻底从"要她做"变成"她要做"。妈妈觉得自己之前差点犯了一个严重的错误，即把明明是孩子自己的事情自作主张地揽过来，徒添烦恼。本来主动权在孩子，而且也只有在孩子完全出于自愿的时候才会做好，效率也才会提高。孩子学得开心，玩得也开心。你开心我开心，大家都开心。这位妈妈很会鼓励自己，决定为自己的及时觉醒点赞。

第九章
魔力小纸条，再不说"不想上学"

您有没有碰到过孩子不愿意学习，给奖励也不愿意做作业，或者不想上学的情况？为什么会出现这种情况呢？除了在第四章给大家讲过的因为害怕失败以外，我再将在日常工作中总结的其他七种情况，通过案例，给家长一一分析原因，并且提供解决方案。

第一种：完美型性格之杞人忧天

刚上小学一年级的文文总是闹着不想上学，每天早晚各一次，分别在晚上睡觉前和早上一睁眼的时候。妈妈先哄他，哄累了哄烦了，再换爸爸哄。两个人听来听去，文文每天不想上学的理由也没什么特别的，翻来覆去基本上就是老三样：老师会批评自己、同学会欺负自己、不会写课堂作业。爸爸妈妈和班主任老师沟通后发现文文在学校表现优秀，一去学校还是很自律的，学习一切正常。虽然爸爸妈妈一再给文文讲道理，保证这些都是不可能发生的，但收效甚微。每天两次，文文就是担心这些不可能发生的事情，并以此为借口闹着不去上学，爸爸妈妈不胜其烦，不得不求助我，于是我们三个人一起坐下来商量对策。

当爸爸妈妈了解文文哭闹不想去上学的原因是性格使然——完美型性格孩子相对来说比较悲观，总是担心很多不可能发生的事情——就明白了之前用讲道理和保证的方式和孩子沟通并没有回应孩子的情绪。因此，针对文文的年龄和性格特点，我们采用了以下三种办法。

（1）肯定孩子的担心。和之前总是否定孩子的担心不同，当文文又在晚上睡觉前和妈妈说起自己的担心时，妈妈就用眼神和语言肯定了孩子的担心："嗯，你的这些担心是有可能发生的，所以，咱们来做一个小实验吧，看看到底会不会真的发生。"

（2）化担心为行动。妈妈先请孩子将担心写在小纸条上，一个担心写在一张小纸条上。然后，妈妈请孩子亲手把这些小纸条放进一个精致的小木屋玩具里。

（3）评估担心。然后，每天放学后妈妈都和孩子一起从小木屋里拿出这些纸条，看看有哪些是实际发生了的。没有发生的，就请文文将小纸条撕碎掉。通过这样一个仪式，做了一周之后，文文慢慢发现，原来有些事情是不用担心的。所以，也就没再哭哭啼啼地说自己不想上学了。

第二种：行为目的之吸引注意

8岁的悦悦一直是老师和家长心中的优秀学生，也是经常挂在家长口中的那个"别人家的孩子"。然而，开学后的一天，悦悦却说什么都不去上学了。家长强送她到学校门口,悦悦也总是泪水涟涟地不想进去。放学回来也不像之前快速完成作业,而是坐在那里磨磨蹭蹭。笔掉了,慢动作弯腰捡笔;做数学题时,刚写了个"答"字,就又停笔不动了。

一会儿妈妈抱着妹妹进来催促悦悦快写,一会儿爸爸进来看一眼也接着催。夫妇俩面对面坐着想了很久也没想出来孩子为什么会这样。悦悦的班主任老师也很纳闷孩子怎么突然不对劲儿了。在和孩子、家长深度沟通之后,我们找到了以下两个原因并且给出了相应的解决方案。

(1) 家庭星座。当悦悦的妹妹出生以后,尽管爸爸妈妈一直说他们最爱悦悦,而且强调他们给悦悦的时间要比给妹妹的多多了。然而,从悦悦的角度来说,妹妹出生前,自己可以获得爸爸妈妈百分之百的爱,现在他们即使只给妹妹百分之一的爱,自己也只有百分之九十九了。因此,悦悦妈妈特意向悦悦承认错误,说妹妹出生以后,妈妈的确分了一些时间照顾妹妹。悦悦的眼圈马上红了,小鼻子一抽一抽的,妈妈赶紧把悦悦搂在怀里,温柔地说"哭吧哭吧"。待悦悦在妈妈怀里慢慢平静下来之后,母女俩讨论决定,以后家里每周至少有一次"happy hour(欢乐时光)"。她们还特意选了没有课外班的周四晚上,悦悦写完作业之后就可以玩了。妈妈提议说:"周四晚上7点,把你喜欢的芭比娃娃放在一起开神秘派对,每次的派对主题都由你定,就咱俩,你愿意吗?"悦悦听后马上兴奋得两眼放光。

(2) 吸引注意。悦悦之前一直都非常自律,上课认真听讲,回家认真完成作业,从来不用家长操心。家长将这一切都认为是一个学生理所应当完成的任务,并且他们觉得悦悦已经长大了,就忙着去照顾妹妹了。感到被忽视的悦悦慢慢发现,自己磨蹭的时候、说不上学的时候,爸爸妈妈就都来了,忙着批评自己和给自己讲道理。并且只有在这个时候,爸爸妈妈才会给自己更多的时间，妹妹也会被先交给家里的阿姨照顾。在第三章中我介绍过，12岁以下的孩子的行为有四种目的：吸引注意、争取权利、报复和自暴自弃。悦悦的情况就属于第一种行为目的，用不当的行为吸引注意。所以，了解了孩子的行为目的后，悦悦的爸爸妈妈有意睁一只眼闭一只眼。只看悦悦的好行为，而且马上正面关注，对悦悦不好的行为则选择性忽视。一段时间以后，原来那个自律、积极上进的悦悦又回来了。经过1个月的辅导，悦悦又和从前一样，成为家长和老师眼中的明星学生。

第三种：行为目的之争取权利

10岁的大军自上小学以来，时常会闹着不去上学。上小学四年级以来，更是有恃无恐地说不去就不去。家长把他逼急了，大军就坐在阳台上说要跳下去。开始时，大军妈妈甚至放弃尊严，跪下来求他不要跳楼。然而，几次以后，爸爸意识到这是大军对家长的威胁。于是，不再让妈妈管。当然，大军也没真的往下跳。过了几天，大军又说不去上学，还嚷嚷着要离家出走。话一说完，夹个小包就想往外跑，妈妈追出去，在小区里拦住他不让他走。大军急了，咬了妈妈的胳膊。大军毕竟是四年级的孩子，容易沟通，很快就和我说了很多心里话。之后，我和大军的爸爸妈妈再次做了沟通，共同找出了以下原因和解决方案。

（1）孩子性格。因为爸爸妈妈之前不知道大军是力量型性格孩子，所以，力量型性格的爸爸总是想制服孩子。妈妈在自己成长的过程中是个乖乖女，所以，也觉得孩子就应该听父母的话。因此，爸爸妈妈和大军的亲子关系一直处于比较对立的状态，尤其家里后来又添了个乖巧可爱的妹妹后，爸爸妈妈就更觉得大军是故意在和他们作对。我在之前提到过,如果亲子关系不好,孩子很容易做一些让父母不高兴的事情。了解了大军的性格,家长也换了适合力量型性格孩子的教育方式。

(2) 争取权利。力量型性格孩子喜欢掌控一切。作为一名小学生的大军在与家长的长期对抗、争取权利的过程中慢慢发现,扬言跳楼和不上学都能有效对抗爸爸妈妈,这些也是他们在意的"筹码"。之前不上学,因为年龄小,爸爸强送他也得去上学。几次扬言跳楼之后,被爸爸妈妈识破了,大军也就不再使用这一招了。上了四年级之后,大军觉得自己长大了,爸爸妈妈也发现就算强送他去学校,他也会因为对抗而不听课,所以,也没有再强迫大军。

我给大军父母的建议就是重新修复亲子关系,具体来说有以下两个办法:一是给孩子写美言录;二是找出适合全家一起参与的活动。家长先通过美言录的方式肯定大军的好行为,同时,与大军讨论,找一个他喜欢的运动,全家一起参与。他们选择了全家一起打网球。大军的班主任老师也非常配合,专门给大军打来电话,说班里的多媒体设备需要大军每天维护一下。因此,不用再和家长斗智斗勇的大军也很识趣,非常合作地去上学了。

之后,每每从微信朋友圈看到大军父母晒出全家一起打网球,或者哥哥给妹妹讲故事的美好瞬间,我也感觉到满满的幸福。

第四种:消失的兴趣

诺诺刚上小学二年级,期中考试时英语才考了四十几分,平时小测成绩也不太理想。诺诺妈妈告诉我:"人家都说不能让孩子输在起跑线上,所以,孩子还在上幼儿园的时候,我们就学英语了。但是,估计孩子是学伤了,所以,英语一直就不好,现在才刚上二年级,这将来怎么弄啊?小升初也都考英语的呀。"经过辅导,1个多月后,诺诺期末考试的英语成绩已经提升到了78分。诺诺告诉我,教英语的毛老师在讲台上向自己表示祝贺,说自己是英语成绩进步最大的同学,让其他同学向自己学习。诺诺告诉我的时候,生怕我听漏了,特意一个字一个字认真地说:"露露老师,同学们都向我投来羡慕的眼光。"短短1个多月,诺诺为什么就有了这样的转变?

这是因为我从以下三个方面分析了问题所在,并找到了解决方案。

(1) 把消失的兴趣找回来。诺诺妈妈用的"学伤了"这个词我很喜欢,因为它形象地说明了孩子在学英语的过程中,由于老师和家长的方法不对,孩子的学习兴趣逐渐消失的事实。因为一提英语,孩子想到的都是一些不愉快的回忆,学习的积极性受到了打击。所以,家长当时的首要任务就是要想办法使诺诺学习英语的过程更有趣,以帮助他恢复学英语的兴趣。考虑到诺诺活泼型的性格特点,我引导孩子选五个自己会说的英语单词再加上汉语,编一个超级搞笑的小故事。这下,诺诺高兴了,想了一会儿就编了一个小故事,大意是说家里的鸡蛋跳进了游泳池。

(2) 帮助孩子获得成就感。诺诺刚来的时候,一说到英语课,他就皱着小眉头告诉我:"每次上英语课的时候,我坐在那儿像听天书一样,根本听不懂。我就想着怎么还不下课呀。"这就像一个恶性循环,孩子越没兴趣,越不想听,越不想听,越听不懂,自然也就没有成就感可言。因此,我请诺诺当英语老师,上课的时候想办法教我学会一个单词。后来诺诺看我真的能把他刚教的单词读准,非常兴奋,自告奋勇地提高要求,主动提出下一次准备教我两个英语单词。

(3) 找一个合适的英语补习老师。就像诺诺妈妈说的那样,诺诺从小就挑老师，老师是他喜欢的，且愿意鼓励、肯定他，他就愿意学。因此，当诺诺开始有了英语兴趣，不再排斥英语学习之后，诺诺妈妈又为孩子找到了一位正能量爆棚的英语老师，帮助孩子补习英语。

每个孩子都有自己的学习节奏和进度，做家长的如果能够持续鼓励、肯定孩子的进步，让孩子保持兴趣，孩子的进步速度自然也会越来越快。这就是我一直强调的成功效应。

第五种：被同学欺负

9岁的唱唱突然和爸爸妈妈说不想去上学了。虽然孩子是头一次这样和家长说，但是，爸爸妈妈并没太在意。相反，爸爸又和往常一样，很强势地说："不想上学？什么想不想的，作为学生你不上学你做什么呀？我们都上班，家里也没人看你呀。"唱唱刚想张口再多说一些什么，妈妈在一旁接着说："行啦，作业写完了没有？"写作业是唱唱的短板，一听作业这两个字，唱唱话到嘴边又咽回去了。他慢吞吞地走回房间开始写作业，但效率极低。爸爸妈妈问他，他也不作声。直到两天以后，唱唱妈妈接到同班同学笑笑妈妈打来的电话时才恍然大悟，难怪孩子前两天说不愿意上学，原来事出有因。

两天前，唱唱在学校上卫生间时，平常就老拿他铅笔、揪他衣服的两个孩子，居然隔着门板故意往他头上扔用过的厕纸，扔完就跑。唱唱当时就哭了，班上的笑笑刚好目睹了这一切，平常也很胆小的笑笑忍了两天以后，才鼓起勇气回家告诉了妈妈。唱唱妈妈非常气愤地找学校老师反映情况，那两位同学随后也受到了学校和家长的惩罚。事情虽然过去了，但是余怒未消的妈妈想知道自己的孩子受了这样的伤害为什么不说，关键是孩子要通过这件事学会自我保护,毕竟家长不能保护孩子一辈子。于是,在和唱唱家的所有核心家庭成员深度沟通之后,我们找到了以下两个解决方案。

(1)改变沟通模式。和平型性格的唱唱不愿意和别人发生冲突,力量型性格的爸爸只是让孩子服从自己的指挥,很少关注唱唱的真正想法。因此,长期以来,唱唱都不会表达自己的真正需求,在家听家长的,上学听老师的,对同学的话也是极少反驳。因此,唱唱的爸爸妈妈刻意训练自己和唱唱的沟通模式,从原来的凡事爸爸妈妈说了算到每件事都先问问唱唱:"你的想法呢?"并且在倾听的过程中先不做评判,只是认真听。唱唱和家长、老师、同学的沟通模式也逐渐发生了两个变化:一是唱唱敢于表达自己的想法;二是唱唱开始学会拒绝一些不合理的要求。

(2)独立性差。由于之前唱唱的爸爸妈妈嫌孩子做事速度慢、不得章法,所以总是帮孩子出主意、想办法。时间长了,唱唱也摸出了规律,反正自己想的办法到爸爸妈妈那里都会被否定,索性不去思考,就说自己不知道。所以,唱唱的爸爸妈妈使用金头脑的办法训练孩子的独立性,让唱唱学会自己想办法解决和同学之间的矛盾,并且尝试去实施。很快,唱唱就想出了两个办法:一是给同学讲道理;二是告诉老师和家长。唱唱的爸爸妈妈非常欣慰,因为听其他同学反映,唱唱现在在班里会大声告诉又想拿他东西的那两个同学:"没经过我同意,你不能动我东西。"

第六种:老师苛责

10岁的月明妈妈真有点儿犯难,因为老师反映月明不主动去找老师拿卷子,月明妈妈因此回家责问月明,并督促月明第二天上学赶紧去找老师。

结果,月明对妈妈说根本不想去拿卷子,要非让他去,就不想上学了。为此,月明一家三口全体总动员都来找我了。经过认真倾听孩子的诉说,妈妈爸爸也感受到了孩子的为难。虽然最容易的办法是家长直接去找老师拿回卷子,但是,考虑到以后孩子还会碰到比较难打交道的人,所以,家长还是决定让孩子自己解决问题。我和家长找到了以下两个原因并就此对孩子进行了针对性的训练。

(1)老师过于追求完美。因为月明知道老师严苛,所以之前他特意找了另一个同学一起去找老师拿卷子,但当时老师不仅没给孩子们试卷,还批评孩子们没有礼貌,进老师办公室没喊报告。家长决定,训练重点是孩子的问题解决能力。首先,最重要的一步就是先接纳孩子的情绪,倾听孩子对这件事的各种不满。看到三个指标之后再和孩子讨论如何解决问题。哪三个指标呢?即孩子的眼睛开始看着大人,语速平稳了,小胸脯起伏也不那么大了。

(2)畏难。面对非常严苛的老师,月明非常沮丧,遇到困难就选择绕着走了——宁可不上学也不想再去老师那里拿卷子。因此,家长的训练重点就是根据月明的性格特点,提升他的问题解决能力。

具体来说就是以下四步:第一步,接纳孩子的情绪。第二步,和孩子确认这确实是个困难,但要想办法克服这个困难。因为前面接纳了孩子的负面情绪,没有讲道理增加孩子的压力,所以,月明虽然还有些犹豫,但还是表示要解决问题。第三步,和孩子进行角色扮演,由孩子自己决定选哪个角色,月明选的是扮演老师,并且演得非常传神。当时我扮演月明,不断示弱,并请月明帮"我"想办法,给"我"支招。第四步,鼓励月明实施自己的办法并随时做出调整。因为孩子面对的学习和生活上的困难有些是不容易解决的,不是孩子想出了一个办法问题就能迎刃而解。因此,我和月明强调,这只是一个实验,有问题还可以再想新的办法。果然,月明隔周再来的时候反馈,有些卷子还是没有拿到,因为老师这次又责问他,说他虽然喊报告了,但是没有说"老师好,我来拿卷子"等礼貌用语。为此,我和月明重新再走之前的四步,同时,大力肯定月明面对困难不停想办法的勇气。最终月明又想出了新的办法。

当时,我坐在游戏室的地毯上观察月明的时候,就发现这个孩子成长了。为什么?因为之前月明是害怕老师又提出什么新问题的,但现在他有些兴奋,好像迫不及待地要去试试自己的新办法。隔周月明再来的时候,露着小虎牙,兴高采烈地告诉我,他想的办法特别好用,卷子已经拿到了。最重要的是,月明的爸爸妈妈告诉我,孩子现在一遇到问题就会想办法,学习上遇到不会的题也是积极地想办法去解决,和原来遇到困难绕着走的月明确实不一样了。

第七种:"外驱力"需要调整

最后,我分享一个成功案例,来看看孩子在写作业的过程中"神游"或不想动笔时,妈妈是如何做的,并最终达到了自己的教育目标的。

清清妈妈上午陪孩子学英语,本来觉得应该很快能够完成。然而,孩子始终处于"神游"状态,这种状态是孩子近几年的一种常态。妈妈不理解这是什么原因,也不知道该怎么解决。想到不能说也不能和孩子着急上火,妈妈还真不知道该怎么办。于是,这位妈妈开始费力地猜测到底是什么原因,为什么孩子会这样?认真思考后还是百思不得其解。于是,等了半小时以后,妈妈说:"清清,你15分钟内把这几句话写完,妈妈给你10颗红星。"结果,孩子很坚决地说:"我不要!"妈妈听了心里一惊。

又过了10分钟,妈妈耐心地告诉孩子说:"我想让你快一点儿,是想着下午出去以后你能玩个痛快,不然,总想着还有作业,咱们都得着急往家赶,玩也玩不好。"

"对,我是得快点儿写,那儿还有好几个好玩的呢!能不能一颗红星一块钱呀,我想拿红星换大玩具。我还没选好下一个玩具呢。就想着先不挣分,选好了再挣。"清清一听,来精神了。

"肯定是大玩具按1颗红星1元钱算。先挣好红星,选好玩具以后不就可以直接买啦?"妈妈安慰孩子道。

孩子听了以后觉得有道理,脸上顿时有了笑容,两眼放光,调整好状态后,问妈妈还有什么作业他赶紧去做。孩子之前的神游状态瞬间消失得无影无踪。

说实话,孩子在神游状态下写字,一直是家长困惑的原因。按家长之前的想法,写作业是孩子自己的事,家长只坐在旁边陪伴,因此孩子为什么会神游一直是家长想不通的,为此,家长没少生气,也没少产生各种负面想法。没想到多年的困惑,在清清妈妈心里一直认为的老大难问题,竟被她自己不知不觉地给解决了,而且解决得如此轻松。

不仅如此,这位妈妈还进行了以下四点反思:一是家长与其问为什么,不如想办法去解决。二是家长不能高高在上,要变换自己的角色,与孩子友好平等地相处,做朋友。三是家长要从孩子内心的需求出发,想孩子之所想、所爱。四是这位妈妈陪孩子预习课文的过程中,读了两则寓言——《南辕北辙》和《亡羊补牢》,不由得想起了家庭教育。在育儿的道路上,大部分家长都满怀期待,想把孩子培育成优秀的人,可一操作,惯有的错误思维模式、错误说话模式等,却让家长们在育儿的道路上南辕北辙,离当初的目标也越来越远,关键是家长对此还浑然不知。幸好,家长遇到了不错的咨询师,这使家长得以重新学习新的育儿知识,调整方向,"亡羊补牢",为时不晚。

从以上这个案例可以看出,这位妈妈至少做对了以下三件事。

(1) 妈妈的情绪管理。这位妈妈在孩子出现写作业"神游"的情况时,及时调整了情绪,摆脱旧有的看到孩子不写作业就生气的模式,转而去思考为什么孩子不想写作业。这是一个非常好的办法,因为当我们让自己有事情做、行动起来以后,就不会陷在情绪的泥潭里。如果家长为此生气并训斥孩子,孩子再找客观理由反驳家长,就会导致亲子冲突,这只会浪费双方的时间。

(2) 及时调整"外驱力"。当清清妈妈的情绪稳定后,她的教子智慧开始显现。她开始调整外驱力,即从孩子的角度出发,想孩子想做的事情,再结合自己想让孩子做的事情。这样,妈妈就做了一道漂亮的连线题。

(3) 坚持解决问题导向。这是我最欣赏的一点,因为清清妈妈始终在想如何解决问题。当孩子说自己不要红星时,虽然出乎这位妈妈的意料,但她还是继续从孩子的角度出发,及时调整外驱力,持续解决问题,并最终达到教育目标。

在工作中,我遇到一些家长在孩子不写作业的时候非常生气,他们会生气地说:"你就是懒,懒得听课,因为没听,所以,你就懒得写作业,作业堆积如山,你就没有自信了,就更不愿意完成了。"也许家长对孩子的问题分析得都对,都符合实情,可是指出问题并不一定能够解决问题,不是吗?家长还是需要像清清妈妈一样,调整自己的情绪,之后从孩子的角度出发,不断尝试,看看还能再做些什么,能够解决问题,最终达到自己的教育目标。

第十章
ABC 排序法，迅速提高学习效率

案例解析：学习效率低的元凶——习得性无助

本章的重点就是精进，即提升精度，也就是提升孩子的学习质量。帮助孩子制定三表一录之后，孩子做事、写作业的速度加快了，随之而来的就是作业质量低，如粗心大意、错误率高等问题。如果家长忽视了孩子的努力，如快速做事，而是反复提醒、唠叨、催促孩子，孩子就会厌烦、逆反、生气、发脾气等，继续下去，孩子的学习效率会更低，甚至有可能进入"习得性无助"的状态。

"习得性无助"最早是由美国心理学家塞利格曼提出的，他在1967年做了一个实验。起初他把狗关进笼子，只要蜂音器一响，就给狗以电击，狗关在笼子里逃避不了电击，被电击之后非常痛苦。多次实验后，蜂音器一响，在给狗电击前，先把笼门打开，此时狗不但不逃，而是不等电击开始就先倒在地,开始呻吟和颤抖。本来可以主动地逃避,却绝望地等待痛苦的来临,这就是习得性无助。

现实生活中有不少父母仅仅从自己的主观意识出发,对孩子提出各种过高的、不切实际的要求,致使孩子身心疲惫,无法承受压力,进而一步步失去了学习兴趣,甚至失去了对大人的尊重。家长总是不断地责怪和批评孩子,却从不考虑自己有何过错或不当之处,这种错误的思维使家长陷于烦恼之中,也在很大程度上伤害了孩子。这里特别提醒家长:如果你发现孩子已经在学习上进入了"习得性无助"状态,一定要特别小心,因为习得性无助会扩散!孩子最初可能只是在一项学习任务上有这样的问题,如果没有进行有效的干预,这样的现象逐渐会在别的学习任务上出现。有的初中生家长甚至发现孩子在学习和生活上都陷入了习得性无助的状态,因为孩子对自己的能力越来越表示怀疑,因此也就懒得行动。

我在日常工作中发现,很多家长其实是在不知不觉中使孩子陷入了习得性无助状态,或使孩子濒临习得性无助状态。

以学生毛毛为例,毛毛的口算能力很强,25道题用3分钟就写完了,比之前都快,而且没抬头没发呆,一直在很努力地算。毛毛爸爸让毛毛检查作业,错一罚一错二罚二,如果不检查,由家长判出来,就错一罚十错二罚二十。毛毛想了想还是不愿意检查,说让爸爸判。爸爸还告诉毛毛自己也希望他全对。然而现实是残酷的。一共算错了3道题,而且第二题错得非常离谱,"74－8＝36"。当爸爸给毛毛翻开口算本,并告诉毛毛他要被罚做30道题时,毛毛开始抗拒、耍赖,一会儿说罚题太多了,一会儿又说根本就没同意这种惩罚措施。爸爸觉得即便是罚做 30 道题，按照他之前的速度，也就是两三分钟的事情。可为什么毛毛就是不愿意做呢？本来爸爸没想发火，但是毛毛哼哼唧唧，就是不做题而且还一直念叨家长做得不对。爸爸越听越烦，便直接把书扔在了地上。毛毛愣在原地，但还是不肯做题。爸爸又开始向毛毛解释："爸爸也是心里着急，想着好不容易今天你作业少，如果你赶紧把作业写完了，爸爸就带你去楼下打羽毛球，这都是刚才放学咱们约定好的事情。"然而，好说歹说，毛毛还是不去写。爸爸"呼啦"一下把桌上所有的书本都扔到了地上，毛毛彻底吓傻了，开始大哭。孩子一哭爸爸更是听得心烦，直接将孩子推到了门外，还用力关上了门。整个晚上毛毛都非常沮丧，爸爸也很生气。第二天的情况更让爸爸失望，老师反映毛毛在数学课上说话、不听讲，语文课堂作业也基本没写，英语听写更是考了零分。回家写作业也是有气无力，催一下动一下。

接下来分析一下上述案例的原因。

（1）目标过高。爸爸想让毛毛写作业的速度和精度齐头并进，同步提高。爸爸的想法是你做就得做对，做不对那就得多练习，这样，你的计算能力才能提高。然而，对于毛毛来说，从原来写作业时东张西望，到没抬头、没发呆地快速完成作业，已经是个很大的进步了。然而，爸爸并没有巩固这个成果，还想当然地认为这都是应该的，而且进一步提高对准确率的要求。家长是否应该要求准确率呢？应该。可是之后的结果的确不是爸爸想要的。这也就是我在第七章中建议家长给孩子设定目标后要分步走、先速度后精度的原因。

（2）家长的情绪失控。爸爸让毛毛检查作业，活泼型性格的毛毛本来做事情就大大咧咧,差不多就可以了。结果爸爸还让毛毛检查作业,毛毛情绪不高并不想检查。后来毛毛虽然同意让爸爸检查,也对爸爸说的错一罚十表示认可,但其实我理解孩子是抱着侥幸心理的,觉得万一没错呢。结果真的需要他做30道题的时候,活泼型性格孩子说话不算话的缺点就暴露无遗了。见孩子说了不算还狡辩,爸爸怒火中烧,情绪失控后,孩子的情绪和数率也都掉到了谷底。为什么会这样呢?这和我们大脑的工作状态相关。人的大脑构成非常复杂,为了便于理解,我将大脑分为新脑、旧脑和脑干。新脑作用于意识层面,包括情绪表达、判断善恶和控制行为等;旧脑作用于潜意识层面,包括记忆力、理解力、创造力等。当新脑过于兴奋时,旧脑就被捆绑了,记忆力、理解力、创造力、干劲(积极性)都处于抑制状态,就像电脑死机一样,当然没有任何效率可言。这个过程很容易理解,尤其是在孩子考试前家长发现孩子还有很多生字没记住或者题还不会做的时候,肯定特别着急,可是家长发现自己越着急,越口不择言,孩子反而像傻了一样,愣在那儿。道理是一样的。

(3)习得性无助。由于负面情绪主导,孩子的旧脑被捆绑了,所以,孩子在学习上就进入了习得性无助的状态。恶性循环,之后孩子第二天在课堂上以及隔天写作业的过程中的表现都会与家长的期待背道而驰。

下面是我给毛毛家长辅导的三点建议。

(1)评估。根据美国时间管理专家柯维博士提出的"四象限时间管理法",家长需要根据四个象限评估孩子的时间日志中的各项任务。哪四个象限呢?第一个是"重要而不紧急"的事务象限,这是最有价值的一个象限,因为它代表了长期目标,四象限时间管理法的原则就是在任何可以掌控的时间内都应该把它用于重要而不紧急的事情,例如培养孩子的7种学习能力,包括自控力和意向性（想学）。第二个是"重要而且紧急"的事务象限，这些突发的紧急任务常常使人处于一种被动支配时间的状态，必须先去处理完才可以转回到主动支配时间的状态，例如孩子要应对各种类型的大小考试等。第三个是"不重要但紧急"的事务象限，如孩子应对临时检查而需要完成的作业等。第四个是"不重要不紧急"的事务象限。柯维博士是25位影响美国历史进程的人物之一，柯维还有很多先进理念，如积极主动和要事优先。我的学生李笛在学习中积极实践"四象限时间管理法"并取得了非常好的效果，他的物理在当年北京中考时，更是取得了98分的好成绩。

（2）排序。对孩子要完成的任务进行评估后，就可以用时间ABC法排序并制作任务清单了。家长可以根据任务的重要性和急迫性将孩子的任务按照A类任务、B类任务和C类任务进行分类。

A类任务：重要而且紧急的任务，包括充足的睡眠、1小时及以上的自主时间和完成学校作业。当然，有些孩子现阶段能力不足，不足以完成学校布置的所有作业，就需要将目标分解，找到符合孩子舒适区和发展区的任务。

B类任务：紧急不重要和重要不紧急的任务，包括健康的饮食、适当的运动和交友。

C类任务：一般，不重要不紧急的任务，包括课外作业、练琴和学棋等。

（3）先速度，后精度。一个阶段设置一个主目标。先将孩子写作业的速度提上来，孩子写完作业之后就可以享受自己的自主时间。等孩子写作业的速度稳定之后，至少保持稳定的速度一个月后再将目标定为提升孩子的作业精度。针对字迹工整和提高正确率，我们分别有两个具体的办法。

① 训练字迹工整——找漂亮字。很多家长都是在指出孩子字迹不工整时会和孩子产生亲子冲突：孩子捂着作业本不让看，家长非要看；家长拿起

橡皮擦了让孩子重写,孩子不愿意,就开始磨蹭甚至干脆停笔罢工了。其实,站在孩子的角度考虑问题:写了被擦掉,那还写它干吗?不写都不用擦。所以,家长与其浪费时间,不如找到作业中符合书写规范的字,并告诉孩子为什么这个字写得漂亮。例如横平竖直,像印刷的字帖一样,让人赏心悦目。1个漂亮字换1颗红星,同时配上美言录,以此激发孩子的内驱力。我们有个接受训练的孩子,妈妈用了这个方法之后惊讶地发现,孩子在餐厅等上菜的时候还要争分夺秒多写几个漂亮字,两天时间就写完了一本字帖,让妈妈乐得合不拢嘴。

② 提高正确率——"6421"法。当家长已经和孩子开始实施精度管理的目标之后,家长就可以和孩子约定"6421"法。这个方法是我在训练孩子作业精度时首创的方法,非常有效。具体做法是在孩子写完之后,如果全对给6颗红星;发现有错误,在作业上注明错题数量。以口算题为例,如果全部习题有3个错误,在右上角注明数量即可。当然,如果错题总量在3个以上,建议直接在每列口算题上方注明错题数量,缩小范围。如果孩子拿回作业一次改对,给4颗红星;第二次才能改对,给2颗红星;第三次改对,给1颗红星。

关键在于激发内驱力

如果家长想激发孩子的内驱力,请接着做两件事:一是在美言录中肯定孩子的细心和"火眼金睛"的查错能力;二是家长找个周末的时间,请孩子做个"高手秘籍",总结做对的题为什么能做对,并用"金头脑"的方式请孩子针对做错的题想办法,解决下次怎么能做对并避免错误。这个"高手秘籍"不仅可以帮助孩子不断总结成功经验,而且日后还会在孩子出现计算错误、着急生气的时候发挥意想不到的作用。

一位学生家长告诉过我这样一件事:孩子有一天在做提高题时错了很多,情绪有些失控。看孩子着急发脾气,妈妈好心地问他:"你用'高手秘籍'了吗?"还在气头上的孩子故意正话反说:"没用,一个都没用,那都不是我自己的,都是你们的。"妈妈又问:"那下次怎么避免出现这样的错误呢?"孩子恼羞成怒地说:"不知道。"于是,妈妈做了5个深呼吸,稳定了一下自己的情绪,之后平静地告诉孩子:"现在给你一分钟,从'高手秘籍'里面找三条你觉得最有用的,只找三条,然后开始做题。"妈妈的平静也传染给了孩子,而且他觉得从自己的'高手秘籍'中挑选三个办法解决自己的问题很有趣。于是,孩子选了三条,还按照重要程度排了顺序。第一条是计算不能跳步。妈妈在心里感慨:为了这个计算跳步的问题和孩子纠缠了很多次,孩子现在居然把这一条放在了最重要的位置。第二条是书写要写好,这是孩子一直都在否认的问题,这回列在了第二条。第三条是乘除法相互验算。孩子排完顺序之后又做了几道题,只错了一道。孩子自己主动表示,还有两个办法可以避免这样的错误,并强调这些方法都是查错必须用到的好办法。重点是孩子还签上了自己的名字,证明这确实是自己的想法。

接下来以学生明明为例,看看我的同事王宏老师针对学习上有习得性无助的学生明明的训练方法。王宏老师用"放大镜"找到了孩子身上的优点,并非常夸张地鼓励孩子,这让孩子的眼神亮了起来。当时,一页描红,明明4小时都写不完。于是,王老师先做目标分解,让明明一行一行写,然后告诉明明:"明明,你看这一行字,老师一转眼你就能写完了。"然后王老师就把头转过去,偷瞄他写字,等他把这一行写完了,王老师夸张地说:"哇,我一转眼你又写完了,神速啊!"老师这"一转眼"其实是10分钟。孩子眼神发亮,特别得意地跟其他同学说:"我写得可快了,老师一转眼我就写完了。"明明后来写得越来越快,后面的几行字,王老师的"一转眼"时间也越来越短了。这种夸张的鼓励,实际上是在医治孩子的心灵,帮助他从习得性无助中看到希望,获得动力。孩子的心灵受伤时,切忌提醒、催促、唠叨、指责等,这些只能让孩子的习得性无助加重。每个孩子都希望通过努力获得父母、老师的肯定,体验成就感,这就是医治孩子心灵的良方。孩子之所以出现习得性无助,是因为他的生活不归他掌控,所以,家长需要让孩子通过小事体验成功,成功之后他就愿意再努力,因为孩子体会到他做的事情是有用的。

巧用 ABC 排序法,提升学习效率

很多家长在搞不定孩子的时间管理来找我的时候,我发现大部分都是优先顺序的排序出了问题。眉毛胡子一把抓,孩子没有玩耍和休息的时间,第二天反而到学校放松去了。孩子上课注意力不集中,听课效率降低,回家就不会。家长一看,"哎呀,都不会",于是,自己盯着孩子改错,或者亲自上阵给孩子补课,或者给孩子报各种辅导班补文化课。殊不知顺序搞反,就已经本末倒置了。然而,家长们还非常困惑:先给孩子报大班,不行又给孩子找了一对一,怎么数学还是考不好啊?因此对自己的孩子感到失望。其实家长与其抱怨孩子、发泄情绪,不如行动起来,用 ABC 排序法给孩子的任务按照重要性排序。

最后,我来分析一下为什么必须先完成 A 类任务。

在回答这个问题之前,我们先思考一个问题:儿童时间管理的主体是

谁,谁是执行人?当然是儿童,即你的孩子。因此,虽然随着孩子上学,他有了学习的责任,但是,家长一定要先保障这个人的身心健康。这样,孩子才能有能量完成他需要承担的学习责任。这也就是我们把保持充足的睡眠、1小时及以上的自主时间和完成学校作业划归入 A 类任务的原因,也是我们坚持孩子需要吃好、睡好、玩好才能学好的原因,同时还是 ABC 排序法的缘起。

有的家长曾满脸焦虑地告诉我们:"老师,没办法,这都是他必须完成的任务,学校作业、弹琴、英语辅导等,每一个都很重要,不能减啊!"如果家长不能按照 ABC 排序法给孩子设定合理的目标,那就可能会和下文中小红的妈妈遇到一样的困惑。

小红报名参加了学校的田径队,因为周一、周三、周四都有训练,所以这三天小红下午五时才放学,而且放学后的时间显得特别紧张。刚开始时因为新鲜,田径和手风琴都可以坚持,但是后来明显感到手风琴练习效果越来越不好。孩子的脾气逐渐越发不可收拾了,遇到事情就和妈妈跳着脚喊,妈妈莫名其妙,都不知道自己错在哪了,孩子就连哭带喊地说"不能顶嘴"。而且小红一哭就是半天。刚开始家长还很有耐心地哄着,但孩子不买账,还说家长啰唆,让家长闭嘴。家长也想着强势"镇压",等孩子心情平和了再谈,可是依然不奏效。孩子脾气不好的前几次,家长总结可能是田径练习完后累了。孩子自己也说过累了,不想练琴,家长想,少练几遍琴,隔天再追回来也行,然而,即使第二天没有田径训练,孩子还是发脾气,琴练得一样不好。孩子现在不练琴的借口,就是心情不好所以就练不好琴,家长也觉得和孩子沟通越来越难。孩子还没长大呢,等到了青春期,会不会更加叛逆?

我当时给这个家庭做了以下辅导。

（1）亲子关系。家长觉得和孩子沟通越来越难，相信孩子也有这样的感觉，因为感觉都是相互的。例如家长喜欢孩子，孩子通常也会喜欢家长；反之亦然。给孩子讲道理的时候，她已经大喊让家长闭嘴了，这样的沟通确实不是很顺畅，这也给家长发出了一个信号，即亲子关系需要修复了。

（2）任务排序。孩子众多的任务好像都是家长所在意、需要孩子完成的，学习就不用说了，肯定是最重要的；田径对身体好，爸爸妈妈都希望保留；练琴也是爸爸妈妈认为必不可少的。虽然都很重要，现在的问题是时间不够用。对于孩子来说，她目前掌控时间的能力恐怕还不足以承担突然增加的一周三次的田径训练。因此，任务的优先次序需要家长认真商榷后再做决定。

（3）情绪管理。孩子的情绪管理模式例如哭喊、大叫等也许是模仿了家长的情绪管理模式。所以，身教重于言教，爸爸妈妈面对问题的时候，自己的情绪管理对孩子是有深远影响的，家长需要注意自身的情绪管理。

第三部分

PERMA 幸福 5 元素与明星分享

本部分以立体视角，即从孩子、家长和专家角度分别解读内驱力以及如何高效激发孩子的内驱力！

- 第十一章　孩子不再马虎敷衍
- 第十二章　孩子不配合，家长白费劲
- 第十三章　一说学习就反目成仇
- 第十四章　三大妙招根治孩子上课不专心
- 第十五章　消除依赖心理，学习更独立
- 第十六章　内驱力明星分享
- 附录A　性格测试
- 附录B　假期计划

第十一章
孩子不再马虎敷衍

PERMA 事关孩子幸福

曾经有一个问题困惑了我很长时间。什么问题呢？很多家长来咨询的时候都告诉我："雨露老师，我不在乎他的学习成绩……"家长说不在乎孩子的学习成绩，然而兜兜转转，最后的担心却又都落到了学习成绩上。因此，经过长时间的思考，并且在与一些家长进行深度沟通后，我找到了答案，找到了他们潜意识层面的那个担心，那个家长并没有马上说出口的担心。其实，家长的担心是：他现在不能为学习负责，以后不能为工作负责，将来就不能为自己的家庭负责……自己的孩子很难成为一个幸福的人。这才是家长真正在意的，也是其内心焦虑所在。

古希腊哲学家亚里士多德曾经说过幸福是人生的目的和意义，是人类存在的最终目标和终点。美国积极心理学之父马丁·塞利格曼在多年潜心研究这个终极目标之后,提出了 PERMA 理论。PERMA 是建构幸福人生的五个元素的英文首字母缩写,分别是:Positive emotion——积极情绪;Engagement——积极投入;Relationship——良好的人际关系;Meaning——所做的事情要有意义;Achievement——成就感。塞利格曼教授认为,如果一个人拥有更多的积极情绪,能更积极地投入,有更良好的人际关系、更明确的意义以及更大的成就感,那么幸福感也就会更强。清楚了解这五个幸福维度之后,能够更有针对性地通过学习进行强化。

接下来看看这五个幸福维度。

(1) Positive emotion——积极情绪。积极情绪需要我们主观评估,评估自己是否拥有愉悦的感受。

(2) Engagement——积极投入。就像积极情绪一样,它也只能靠主观的评估。我们需要判断自己是否投入时间和精力专注地去做一件事。

(3) Relationship——良好的人际关系。我们都是社会人,因此,良好的人际关系能够给人们创造一个令人满意的生存环境。

(4) Meaning——所做的事情要有意义。我们需要评估自己所做的事情是否有意义,这将决定自己在做这件事情时的动机和效率。

(5) Accomplishment——成就感。当我们经过努力,克服重重困难并达到目标后,会产生一种愉悦的感觉,即成就感。

为了激发孩子的内驱力,实现效率的持续精进,我在儿童时间管理训练中积极实践 PERMA 理论。在与孩子们和家长的实际互动中,我不断优化训练流程,得出了以下训练逻辑:第一,激发、引导孩子探索学习的意义;第二,告诉孩子要建立良好的人际关系,为自己创造一个良好的学习环境;第三,让孩子知道自己学习的意义,避免孩子为了和谁作对而不想学习,慢慢孩子就有了积极情绪。有了这三个前提,孩子才能够身心合一地努力学习。由于设定的目标合理,孩子经过努力能够获得成功,从而为自己创造一个又一个的巅峰体验,开启属于自己的幸福人生。因此,家长学习PERMA五个幸福维度的顺序就以儿童时间管理的实际情况为准了。

案例解析:孩子为自己学

幸福人生的第一个维度是"学习的意义"。学生李笛的故事也许能为家长带来一些启发。李笛在接受我的训练前,是为了家长学,因此其使用的是"敷衍大法",和家长玩的是"猫捉老鼠"的游戏。然而,当孩子领悟到学习的意义,决定为自己学的时候,孩子身上出现的巨大变化真是让家长和我又惊又喜。惊的是孩子的潜能无限,完全出乎我们的意料;喜的是孩子的进步极大地激发了我们对学生潜能的想象。

以下是学生李笛的3个明显变化。

(1)态度转变。我先来读几句孩子自己写的诗:

我的世界,我的未来

凝视着夕阳的金晖洒向大地,体会着成绩带来的酸甜苦辣。
轻嗅着青草漫出的淡淡清香,任凭着心中的暴风任意肆虐。
聆听着归巢的鸟儿轻柔呼唤,摒弃着尘世强加于我的痛楚。
抚摸着潮湿辽阔的中华大地,梦想着带着童真的美梦遨游。
点点的思绪被风催促着回来,迷茫的眼神被沙拽回到现实。
僵硬的指尖被草微微地刺痛,冰凉的双耳正不耐烦地鸣叫。

从这几句诗中，我们可以看到孩子的内心世界，他把自己在学习中遇到的困难、迷茫写进诗里，抒发出来。同时又对成绩、学习有了更深的思考，这种思考是自发主动的，它表明了孩子内心对学习的态度发生了可喜的转变。

（2）解决问题导向。孩子为了解决自己考试马虎、粗心大意的问题，不断总结自己成功的经验并写了一本小书，书名就叫"让提分来得更猛烈一些吧"。这本书序言中的一段话给我留下了深刻的印象："作为学生，谁的心里没有个小算盘，只要能取得好成绩就可以狠狠宰父母一把，还可以尽情地在同学面前炫耀。提分的好处数都数不过来，可又同样是个难题。像我这种活泼型的人总是在一开始热血沸腾地要提分，但渐渐却对进步失去了耐心，说得多做得少，最后的结果可想而知……"从书中的内容来看，孩子自己对各个学科进行了总结，并分析了学科的属性、难度等，更重要的是，他还自己总结了学习方法。这说明孩子的内驱力被激发出来了，已经着手解决自己的学习问题，所以，才有了后面成绩的变化。

（3）家长记录。以下是家长对孩子成绩的记录："数学期末测试得了91分，全班排名第10，尤其值得表扬的是填空和选择题全部正确，说明基础扎实。"相比而言，一个多月前的情况，家长的记录是："今天进行了数学单元测试，成绩不理想，85分，班级排名第27。主要是单选和填空错误多，基本概念不清。"

从以上三点不难看出，孩子的态度变了，开始要为自己的学习负责了，他在主动思考问题解决方案。孩子行动之后，不断调整目标，之后期末考试成绩和全班排名发生变化也就顺理成章了。

相信家长现在想知道的是孩子的态度是怎么发生改变的。也许我和学生李笛沟通学习意义的对话会对你有所启发和触动。

李笛当时上八年级,和我每周见面一次。一个周六上午,李笛来了,他一坐在游戏室的地毯上就和我抱怨:"每天各科的作业都很多,一堆一堆的。我知道怎么做,我也会做。可你说每天都是这样的重复有什么意义呢?现在学的将来也用不上。"如果你的孩子对你这样抱怨,你会如何回答呢?当时,我马上对李笛说:"没有意义。有些确实用不上,比如说我当年八年级学的几何,现在就用不上。当时学的化学,有些知识现在也不用啊。"时至今日,我依然记得李笛瞠目结舌看着我的样子。我想可能我的答案和他预想的太不一样吧。接下来,李笛就告诉我:"也不能这么说。你看,你要去国外,英语还是能用的,还有语文,你写作的时候也用得上……"我点头附和说:"嗯,你说得对。确实是。"之后,我们俩就开始讨论各种知识的用处,基本上都是李笛说话,我认真聆听。过了一小时之后,突然,李笛告诉我说:"老师,我明白了,我现在做这些题、试卷都没有意义。其实我是在找一种快速学习的方法。这样,等我将来上了北京大学心理系之后,就能用这套快速学习的方法学我想学的心理学了。"李笛的梦想是做一名心理咨询师。李迪和我沟通之后,他就又开足马力继续自己的学习了。后来,李笛升入北京一所重点中学的实验班,而且还加入了翱翔计划,课余时间在实验室学习相关知识,继续为自己的心理咨询师梦想奋斗。

我从以下三点分析李笛的情况。

(1) 接纳情绪。孩子来找我的时候抱怨试卷太多。我理解孩子是觉得作业太多，心情不好，很烦。所以，第一步就是从孩子的角度出发，在情感上告诉孩子，我和他是一伙的，先接纳孩子的情绪。

（2）逆反。青春期的孩子比较逆反，所以，如果非给他讲道理，可能适得其反，所以，不要反驳，只是描述自己的经验。这样，反而促进了孩子的思考，让孩子认识到，其实有些知识还是有用的。青春期的孩子有时纯为了反对而反对，事实本身并不重要，更多的是一种情绪上的宣泄，例如质问家长学习有什么意义。

（3）引导孩子探索学习的意义。因为我更多的是倾听，并时不时地将他描述的信息反馈给他。这样，孩子反而觉得这是他自己的想法，并且进一步开始思考到底他现在这样做和他未来的梦想有什么关联。

正因为我和李笛有以上三点沟通，所以他找到了学习的意义。否则，如果一味地给他讲道理，相信他或者听不进去，会直接反驳我；或者即使当时答应，但其实心里并不同意我的观点，在行动上当然也会打折扣。

所以，内驱力是人在需要的基础上产生的一种内部唤醒状态或紧张状态，表现为推动有机体活动以达到满足其需要的内部动力。当然，内驱力决定动机的方向和大小。

北京四中原校长刘长铭先生的很多教育理念我都认真学习过并在工作中加以实践。例如刘长铭校长在一次讲话中说：北京四中在20多年前就开始要求学生进行职业调查，开展职业理想教育。由此，北京四中也确立了以生活教育、职业教育、公民教育和生命教育为内容的多层次的价值体系。为什么？因为老师们发现学生在明确未来的生活目标和职业方向后，不仅会产生持久的动力，还会大大提高学习效率。

案例解析：孩子为家长学

如果孩子对自己学习的意义不清晰，觉得是为家长学习，会产生什么问题呢？最大的问题就是刘长铭校长所强调的——缺乏持久的动力。

以朋友的孩子孟迪（化名）为例。孟迪经过10年苦读最终被国内一所"双一流"大学录取了。由于成绩优秀，他还如愿学习了金融专业。然而，正当孟迪父母以为孩子会顺理成章地念完大学并找到一份体面且高薪的工作时，孟迪却果断在大二那年将这一切按下了停止键，自行办理了休学手续。为什么会这样？面对父母和老师的不解，孟迪表示自己要"思考人生"。他说自己从小就在家人的期待下生活，保持优异的成绩，考入好的大学，学最好的专业，等毕业之后再找一个高薪的工作。然而，学着学着，他突然发现，这一切都是父母的期待，而不是自己的。他认为父母的认知和现在的年轻人是有隔阂的，应该有自己的想法，而不是一味听从父母，迎合他们。这样的生活让他一直过得很累，现在他想改变，所以才退学思考人生。

孟迪父母从小就对孩子十分严格，希望他出人头地，孟迪也一直乖巧听话，却没想到他在大学二年级时突然"叛逆"。面对家人对于休学时间的追问，孟迪强调未知，也许1年，也许10年，直到他找出自己想要的答案。

我试图从以下两方面分析孟迪的情况。

（1）内驱力不足。孟迪之前的学习和工作只是为了获得爸爸妈妈的肯定，满足社会的期待，而不是自己内心的想法。这就是为什么我一再在书中反复强调一定要写美言录，因为美言录是一个能够将孩子的外驱力成功转化为内驱力的重要工具。

（2）复原力。孟迪休学看起来很突然，其实也是有一定诱因的，据孟迪说有一次因为学习上的事情受到老师的批评。对于孟迪来说，因为学习成绩好，他之前得到的都是赞扬，一旦出现批评，他会觉得很难接受，因此，他选择了逃避问题而非反思自己的行为并解决问题。我认为如果之前孟迪的父母能在他的童年时期训练他的复原力，相信上大学之后遇到困难的孟迪就会有不同的选择和应对方式。

刘长铭校长曾经说过这样一段话。

今天的社会需要每个人终身学习，一次性的学历教育不可能满足孩子一生工作和生活对知识与能力的需求，就像马拉松一样，孩子必须不停地跑。在人生的跑道上有没有被淘汰出局的？当然有！但他们往往不是输在了人生的起跑线上，而是折在了漫长的跑道上。许多家长包括教育者，本来希望和相信他们的孩子能在最初几百米、几千米内冲到前列，进入第一梯队，甚至成为领跑者，然而事与愿违。违背科学的教育和扭曲的人生观、价值观最终会让一些人淘汰出局，也许是在最初的几百米、几千米内，也许是在几万米后，甚至可能是在接近终点的地方。教育者把一批又一批的孩子送到人生的跑道上。教育者的责任不仅仅是让孩子快速跑到前面，更重要的是要告诉孩子未来怎样跑，朝什么方向跑，怎样掌握节奏，坚持不懈、永不放弃，最终到达终点。在一个终身学习的社会里,让孩子成为一个精神丰满、积极向上、乐观健康、内心坚定、具有人性和理性、懂得责任与良知、保持不断学习发展愿望和动力的人,这就是教育的成功。

相信你看了书中的很多观点和案例,肯定会有所触动。然而,在面对孩子的时候,我深知知易行难。一位学生家长曾发微信对我说:"我们家里人的观念一致,无论花多大代价,必须让孩子学会自己承担责任,否则现在是学习问题,以后会有无尽的事情。现在是短痛,我们都能接受。"根据我之前的家庭工作经验,深知家长从说到到做到也是一个漫长的过程。因此,我的建议是不忘初心,方得始终。一周或者两周将自己的期望拿出来看看,检查一下孩子是否偏航。在家长决定是用"狼追型"还是"驱力型"的养育模式后再行动会更有效率,也会更有机会达到自己的教育目标。

最后,我想在此分享黎巴嫩诗人纪伯伦所写的一首诗:

论孩子

冰心 译

你们的孩子,都不是你们的孩子,

乃是"生命"为自己所渴望的儿女。

他们是借你们而来,却不是从你们而来,

他们虽和你们同在,却不属于你们。

你们可以给他们爱,却不可以给他们以思想。

因为他们有自己的思想。

你们可以荫庇他们的身体,却不能荫蔽他们的灵魂。

因为他们的灵魂,是住在"明日"的宅中,那是你们在梦中也不能相见的。

你们可以努力去模仿他们,却不能使他们来像你们。

因为生命是不倒行的,也不与"昨日"一同停留。

你们是弓,你们的孩子是从弦上发出的生命的箭矢。

那射者在无穷之间看定了目标,也用神力将你们引满,使他的箭矢迅疾而遥远地射了出去。

让你们在射者手中的"弯曲"成为喜乐吧。

因为他爱那飞出的箭,也爱了那静止的弓。

第十二章
孩子不配合,家长白费劲

案例解析:家庭氛围对孩子的影响

为了更好地帮助家长理解亲子关系这个概念,先分享两个家庭的亲子互动案例,为了便于区分,我将这两个家庭分别称为1号家庭和2号家庭。

1号家庭的妈妈写信给我,描述了他们家里3个家庭成员之间发生的一些事:孩子自己制订了计划,信誓旦旦地说要按计划执行,但经常还没有执行几天就搁置了。孩子爸爸会因此吼孩子,每次都会悉数把孩子以前的错误再提出来说一遍。孩子则站在一旁,一脸不服气地看着爸爸数落自己。

这位妈妈说父女俩很少有正常的沟通,不是嘻嘻哈哈,就是互相抱怨。某天晚上,孩子自己回来写了计划,作业写完就快速洗漱好,之后向妈妈要手机。妈妈不给，对孩子说："你自己订的计划还没完成，看到玩的时间到了就来要手机玩了，不行。"孩子听妈妈这样说，气呼呼地转身走到写字台前，边哭边把一个草稿本撕得粉碎。妈妈当时坐在客厅，也没去管孩子。爸爸忍不住跑过去，开始连哄带笑地说："很生气吧？你的口算试卷一张都没做，是你自己要买的吧？别一天到晚就想着玩手机、看电视。"爸爸越说越生气，没多久父女俩在写字台前吵了起来。

妈妈原本是准备让孩子在那儿撕本子，等孩子情绪平静些，再去和她谈。结果爸爸这样一吵，孩子和爸爸你一句我一句地没完没了，妈妈也没忍住，吼了孩子，最后孩子和爸爸才停止了争吵。又过了一会儿，孩子情绪稳定下来，走到妈妈面前，露出手说："你看我的手。"妈妈看到一条红色的伤痕，还以为是爸爸刚刚弄的，孩子却说是她自己用剪刀弄的，因为自己很生气，要发泄。

2号家庭有5个核心成员，爸爸妈妈和3个孩子。2号家庭成员之间的互动情况如下。

孩子妈妈向我表示，家里的每一个人都很忙，大女儿平时忙着上学、放学、做手工、带弟弟、约同学、周末探险。她的两个弟弟忙着倒玩具、收玩具、骑车、蹦床、看动画片，兄弟俩还商量着把家里的家具给妈妈调整到合适的位置。妈妈则忙着上班、下班、洗衣、做饭、做家务和健身。爸爸也忙着上班、下班、健身、看各种球赛、观察和欣赏大自然的美景。周末是全家齐聚的日子，妈妈很自觉，如果女儿不提需求，妈妈更喜欢独自准备下一周全家的食物。爸爸喜欢叫上女儿一起外出，增强父女感情，但姐弟们更喜欢自己玩耍，留下爸爸一人。时间久了，爸爸终于明白了，他的伙伴只有妈妈。

妈妈还介绍，一天早上，女儿上学，爸爸好不容易早起一回，帮女儿关门，突然发现女儿的背包好像一边背带长一边背带短。爸爸赶快给她修整，爸爸事事追求完美，不能容忍丝毫偏差。女儿则背着书包，不肯放下，她说："我背包很舒服，没有一边长一边短的问题。"说完就急匆匆地下楼了。路上女儿语重心长地教育妈妈道："好好管管你老公，别总管别人的事儿。"

"我都懒得管你，还管我老公，我自己都管不好我自己，这活儿还是你来吧。"妈妈一边开车一边笑着回答。

"他是你老公，你先嫁给他，再有的我，我没得选，只能你说。"这位9岁的小朋友说出的话让妈妈非常惊讶。

"哇，你太会分析问题了。你能发现问题，妈妈相信你一定有能力解决这个问题。要不试着告诉爸爸你希望他下次怎么做？你下午放学回家想一想再和爸爸找找你们都同意的办法，行吗？妈妈怕自己中间传话出现失误，反而给你和爸爸帮倒忙。"妈妈说。

这位睿智的妈妈之后与爸爸沟通的时候，也只是神秘地笑着说女儿晚上可能要和他用"金头脑"讨论解决办法。2号家庭本来就是相亲相爱的一家人，父女俩很快就找到了解决办法。

我将两个家庭的人际互动情况分析如下。

（1）家庭氛围。家庭氛围主要指夫妻关系和亲子关系。从1号家庭的互动来看，显然，夫妻之间和亲子之间的沟通不是很顺畅，孩子拿剪刀割伤自己的行为说明，这个家庭的氛围有些压抑，对孩子的成长已经产生了不利的影响。也许孩子无心学习，割伤自己只是为了证明自己的存在。之前我辅导过一些类似的家庭，这些家庭的孩子告诉我，说家里太吵了，他们找不到自己，只有在特别疼的瞬间才知道自己是活着的。我没有见过1号家庭的孩子，不知道孩子举起剪刀的那一刻心里是不是也是这样想的。我分析这也许就是12岁以下孩子的四种行为目的中的第三种表现：报复。孩子故意割伤自己，让家长感到难过，不过我确实需要听过孩子的心里话之后才能做出更准确的判断。反观2号家庭，我比较熟悉这个家庭的妈妈，优雅淡定，我对她印象最深的一句话就是："我们家最大的特点就是和谐，每个人都是自己管自己。遇到问题的时候，我们每个人都可以说出自己的感受和希望，而不用担心对方拒绝，所以，我们所有人都相处得非常融洽。"

刘长铭校长从教多年，也接触了成百上千个家庭。刘校长的观点非常鲜明：夫妻关系第一，亲子关系第二。他说其实孩子最希望家庭温暖，父母相爱。一个夫妻相爱的家庭才是幸福的家庭。在这样的家庭里，孩子不会被夹在中间看父母的脸色行事，不用谨小慎微、战战兢兢，也不用左右逢源，他的情感、品德和人格也正因此能得到正常的发育。这个观点也容易理解：一个孩子来源于精子和卵子的组合，当爸爸抱怨妈妈或者妈妈抱怨爸爸的时候，对这个孩子来说他都会心疼。甚至有研究发现，有的孩子虽然嘴上会偏向一方，但是他的行为却很像另一方，有专家说孩子这样做的目的是因为要去和另一方有心理链接，否则内心太过撕裂。

针对家庭氛围，咱们来看这样一个故事。在美国，有一位父亲向美国著名的神经科学家约翰·梅迪纳教授请教："教授，你告诉我，我怎样才能帮儿子考上哈佛大学？"

"从现在开始，回家好好爱你的老婆。"梅迪纳回答。

那位爸爸听了莫名其妙：我问你怎么让我的孩子考上哈佛，你让我回家爱我老婆？哪儿跟哪儿啊？后来，孙云晓老师专门就此事追问梅迪纳教授："为什么您当时让那位爸爸回家好好爱他老婆？"

"在美国，对学业成就的最佳预测指标，就是家庭情绪的稳定性。家庭情绪的稳定性大部分可被妻子的情绪所预测。"梅迪纳教授当时回答。[①]

这个观点和之前微信上流传很广的一个帖子——"妈妈的情绪是家里的晴雨表"的观点异曲同工。

最后，关于家庭氛围，著名的婚姻问题专家爱默生·艾格里奇博士在30多年的婚姻咨询工作中，总结并发现了经营家庭和婚姻的真谛——爱与尊重。如果一个丈夫不爱妻子，妻子则不会尊重丈夫；反过来，如果一个妻子不尊重丈夫，丈夫则不会爱妻子。这样的婚姻会陷入一个"疯狂怪圈"。

丈夫如何爱妻子呢？重点是要根据妻子的需要，投其所好。我的一位学生家长向我承诺，为了家庭幸福和给女儿创造一个健康成长所需要的良好氛围，他决定好好爱他的妻子。我向他请教在未来的一个月里他打算具体为妻子做些什么。那位爸爸沉思良久之后说出三点：一是每天早上早起送孩子上学，让妻子能睡个懒觉；二是拥抱妻子，每天至少一次，因为妻子特别喜欢他这样做；三是给妻子找她喜欢看的纪录片。我最欣赏那位爸爸的是，他说完一点就偏头向妈妈确认，直到看到妈妈眼睛里有光，再继续说下一点。之后我持续追踪，发现那位爸爸真的在履行自己的承诺。那位妈妈的感觉如何呢？从后续那位妈妈给孩子写的美言录的质量和数量上就已经知道答案了。

那么什么是尊重呢？我通过一个笑话来举例说明。英国女王伊丽莎白

[①] 孙云晓.用心教养:孙云晓与中外心理学名家的对话[M].杭州:浙江人民出版社,2014.

有一次参加应酬,很晚才回家,发现卧室的门紧关着。女王站在门口敲门,丈夫问:"是谁?"女王回答:"是女王。"丈夫没有开门。她又敲,丈夫又问,女王回答:"是伊丽莎白。"丈夫还是没有开门。这时伊丽莎白女王似乎意识到了什么,她再次答道:"亲爱的,我是你的妻子伊丽莎白。"听到这话后,丈夫才打开了门。

(2)人际关系。1号家庭中的妈妈见丈夫和女儿争吵,自己马上充当了"拯救者"的角色,卷入父女冲突,又吼丈夫又吼女儿。然而,事情的结果并不是妈妈当初介入冲突的初衷,最后问题不仅没有解决,反而扩大化了,有些家长嘴里所说的"罗圈儿"架就是这个意思。听到这里,有些家长肯定想问遇到类似情况怎么办。还记得第七章中晓燕的故事吗?晓燕妈妈尊重爸爸,不在孩子面前指责批评爸爸,而是拥抱爸爸,接纳爸爸的情绪。然后,妈妈才去找晓燕,也是先接纳孩子的情绪,但这并不代表她赞同孩子的做法。晓燕妈妈只是以同理心对待孩子,接纳了孩子的情绪。当孩子的情绪垃圾倒给妈妈之后,妈妈才开始和孩子讨论解决问题的办法。同样的道理,2号家庭中的这位妈妈没有扮演拯救者的角色,而是相信自己的孩子有能力解决和爸爸之间的冲突,所以用很幽默的方式将问题抛给孩子和爸爸。因为她坚信这是父亲和女儿需要解决的问题,他们也有能力解决,如果自己掺和进来,那只会越来越乱,更多的家庭矛盾就会不可避免地出现。

美国心理学家卡普曼在研究中发现,每个人心中都有一个这样的三角戏剧:Victim(受害者)、Persecutor(迫害者)和Rescuer(救助者)。这种充满纠葛的间接型(又称被动攻击型)沟通缔造的是一种三角关系,它建立了受害者—迫害者—救助者(VPR)三种角色。就像1号家庭,爸爸和孩子产生矛盾,本应该父女俩直接沟通,解决问题。父女俩都在气头上,当然可以使用之前讲过的灭火口诀"一离二吸三凉水",来平复各自的情绪。然而,妈妈作为救助者的角色出现就间接地把爸爸推向了"迫害者"的角色,之后,女儿则扮演受害者来找妈妈。因此,人际关系中的界限非常重要。

四种人际关系决定孩子是否合作

如何让孩子主动配合?我认为关键是要学会处理四种重要的人际关系:亲子关系、亲师关系、师生关系、同伴关系。其中,亲师关系是指家长和老师的关系;师生关系是孩子和老师的关系。通过以上的案例分析和人际关系状态的描述,可以了解到,孩子健康成长过程中需要的最重要的关系就是亲子关系。因为无论是师生关系还是同伴关系出现问题的时候,都需要亲子关系帮助孩子完成情绪接纳、补充正能量等任务,然后孩子才能再去独立解决问题。因为我们做家长的不能充当救助者,否则一定会出现"过度保护"的问题。当然,如果孩子有安全问题,我们作为孩子的监护人还是需要出现并解决问题。

处理亲子关系的重点:一是爱孩子所爱,有共同话题;二是尊重孩子的自主权利;三是根据孩子的性格特点与孩子进行有效沟通。

处理师生关系的重点:一是家长应该避免在孩子面前说老师的不好,因为这样只会让孩子无所适从,而且有可能由于孩子对老师有负面情绪,影响孩子对知识的吸收;二是当孩子对老师有负面情绪时,例如孩子认为老师处理事情不公平,家长需要接纳孩子的情绪,并不时以问句形式与孩子确认孩子的感觉。这样做的目的是帮助孩子净化心灵,与孩子一起解决问题,讨论下一次如何避免。请注意:家长要引导孩子想出解决问题的办法,而不是直接给孩子办法。

孩子和老师之间会出现哪些问题呢?最常见的就是孩子由于自控力、意向性等学习能力不足,和其他同学有差距。当老师向家长告状时,不建议家长直接介入师生关系,扮演救助者的角色回家训斥孩子。因为这样可能会导致孩子对老师有情绪,反而不能在学校有效地吸收知识。

因此,为了给孩子争取一些成长、进步的时间,家长可以采用以下步骤处理亲师关系:第一步,接纳老师对孩子的负面情绪;第二步,感谢老师对孩子的关注;第三步,向老师请教解决办法;第四步,1至2周之后向老师反馈孩子的进步,并且将成就归因于老师的办法有效。当然,老师非常可能在家长准备进行第三步时向家长态度强硬地表示"我没办法"。在此提醒家长们注意:此时老师还有负面情绪,请继续回到前面的第二步。

接下来,我想分享一封信。这是一位非常有智慧的妈妈给学校领导写的一封对老师的表扬信,这封信读起来情真意切。这位妈妈实质上是通过给老师写美言录的方式给老师加油,老师有了动力,就会进一步和家长共同帮助孩子更健康地成长。

家长在信中说:

> 我们对五(2)班的王雪梅老师,也是我们孩子王刚的班主任,提出表扬和感谢!
>
> 转眼间王刚都读五年级了。随着他一天天地成长,我们见证了王老师在他身上付出的心血。这半年来,在王老师的教育和陪伴下,王刚从一名懵懂无知的"小辣椒"成长为一名懂事的小学生。他的每一点进步都饱含着老师们辛勤的付出。

我们忘不了孩子升入五年级的第一天走进学校的情景，当时我们心情忐忑不安：担心这个淘气不懂事的孩子不能被新的班主任认可。现在看来那些忐忑都是多余的，当王雪梅老师在开学一周和我们深入沟通了孩子第一周在学校的表现和特点时，王老师那耐心和蔼的笑容，像一缕阳光拂过我们心田，让我们对这位新的班主任充满了信任。王刚是一个特别的孩子，从小多动顽皮，好奇心重，对自己的控制能力差。王老师一直耐心地教育他，爱护他，鼓励他；王老师用人类最崇高的感情——爱，在王刚面前打开了一扇窗户。王老师没有因为他的顽皮而放弃他，而是让他看到了一个色彩斑斓的新世界。

王老师批改作业和试卷，总是那么细致、认真，一丝一毫的小错也不会放过，她还在记事本上记下了孩子的点滴进步。王刚不好好听课，是王老师一遍一遍毫不厌倦地为他讲解，甚至牺牲自己的休息时间在放学后辅导王刚，直到他听懂并跟上大家的步伐。这学期一共要完成八篇习作，其中五篇半都是王老师利用放学的时间引导孩子从生活的点滴事例中学会如何选材，如何构思，再到如何成文，最后到如何修改错字、标点符号等。王老师在王刚身上付出的一切，已经远远超出了一个普通班主任该付出的精力和时间。

王刚原来时常和同学发生冲撞，致使其他同学受伤，上课随便离开座位的情况也时有发生。但是这学期，在王老师耐心细致的引导下，在王老师不断的正面鼓励和帮助下，王刚真的有了长足的进步，没有发生过一次安全事故，再也没有和同学发生过严重的冲突，同时王刚的上课纪律也有了显著的进步。这个班级的同学在王老师的带领下，和谐团结，其乐融融，王刚也有了集体荣誉感，感受到了同学对他的宽容和爱护。王老师是一位好老师，是一位令人尊敬的好老师，是王老师把学生培养成会学习、求上进、懂得快乐的学生。今天的王刚懂事了，懂得守纪律了，看到孩子的进步我们家长心里真是非常感动，也更能体会到王老师付出的辛劳。

请让我们再次说一声：王老师，您辛苦了，谢谢您！我们再次感谢学校领导给孩子们创造了一个优质的学习环境，感谢王老师在王刚身上花费的无数心血。

那么，当孩子与同伴之间的关系出现问题的时候，家长怎么做才能更有效地处理好孩子的同伴关系呢？以学生大力为例，大力的英语老师董老师在周五给孩子们留了一个家庭作业，内容是介绍马丁·路德其人其事。要求每6个孩子成立一个小组，共同寻找资料，制作PPT，在下周五上台演讲。大力和他所在小组的同学们通力合作，很快就查好了资料。这时，小组里的胖胖自告奋勇，说由他来制作PPT并上台演讲。胖胖说话的时候还拍着小胸脯向大家颇有气势地保证："剩下的事儿我全包了。"大力比较冷静，又追着嘱咐了一句："不许忘了啊。"胖胖嘟起小嘴不服气地回了一句："嘿，你还不相信我啊？把心放到肚子里吧。"

时间过得很快，隔天就要向全班同学演示马丁·路德了。周四下午快放学的时候，大力走到胖胖的座位前问："你都准备好了吧？"胖胖一听突然哭丧着脸，重重地拍了一下自己的小圆脑袋说："哎呀，我忘啦！"大力一听就急了，口不择言，各种难听话脱口而出："你这个笨蛋，我跟你说什么来着，你非说你做，明天就要演讲了，你还什么都没做呢。你不行，你早说呀。你这个大笨蛋……"本来还有些内疚的胖胖一听大力骂自己是笨蛋也急了，推了大力一把。大力哪肯吃亏呀，直接一下就把胖胖推在了地上。同学们都纷纷围过来，说什么的都有：有指责胖胖说话不算数的；有指责大力不该推同学的。大力小组的其他4个成员则急得像热锅上的蚂蚁，PPT还没做，周五要验收的作业怎么办，六个人一下子都没了主意。一旁的大力气得脸红脖子粗，他用手指着胖胖说："我来做PPT，明天还是你上台演讲。"大力回到家神速写完作业，然后就开始做起PPT来，一直做到晚上12时。

大力妈妈了解了事情的来龙去脉后非常心疼儿子，也帮着他完成收尾工作。周五早上醒来，大力妈妈揣了一些私心，在送孩子去学校的路上就问他："今天你上台演讲吧？"大力的回答简洁有力："不，是胖胖。我们已经说好了。"大力妈妈继续循循善诱："可问题是PPT是你做的，你做的你讲更好吧！胖胖没做PPT，可能有些重点讲不清楚啊。"然而，一脸正气的大力依旧是铿锵有力的一个字——"不"。妈妈担心继续说下去可能会影响孩子上学的情绪，就没再往下说。

妈妈一将孩子送到学校，就马上来豆豆妈妈工作室向我诉说自己的纠结："雨露老师，您说这不是傻吗？晚上做了那么长时间的PPT，最后做好了非要让胖胖演讲，我和爸爸都觉得大力是小男子汉有担当，那种时候没人愿意接，可是他主动承担责任，这又是我们希望男孩子应该有的好品质。其实这次只是一个作业，也没什么。但是，我们对大力也有两方面的担心：第一，就算胖胖不对，大力也不能大发雷霆，直接张嘴骂人笨蛋啊，这肯定会影响他的人际关系；第二，他这样将来在社会上会不会吃亏啊？我们也在反思把孩子教得太正了是不是也不好？"

我问大力妈妈："一诺千金和责任感这都是你希望大力能保留的，同时，希望大力能够管理自己的情绪，并且知道自我保护，对吧？"

"对。"大力妈妈郑重地点头。

大力下午放学和妈妈来工作室后,一见面坐在游戏室的地毯上,我先认真地肯定了大力遵守承诺,小男子汉有担当这一点,并强调:"当时由于胖胖的失误,在大家都没了主意的时候,你主动请战承担责任,重点是你这样说的,也是这样做的。"

大力点头微笑,但随后就抱怨同学:"那个胖子,气死我了,他说他全包了,结果呢?最后害得我连夜又赶作业又赶PPT……"

我始终仰脸用同情的目光盯着大力的双眼,静静地等他说完。

终于,大力的语速渐渐慢了下来直至说完,小胸脯起伏也不那么明显的时候,我知道解决问题的时刻到了,所以我问大力:"临到最后才发现胖胖的问题,再连夜赶出作业和PPT确实太累了,你看都耽误你睡觉了。我挑战你一下看你有没有办法解决这个问题。"

"什么挑战?"听到"挑战"两个字,大力立刻两眼放光,兴奋地问。

"下次咱们怎么避免这种情况发生呢?你看这次你既生气胖胖不遵守承诺,又担心PPT无法按时完成,还那么晚才睡。下一次有没有什么好办法能让这些不好的事情不发生呢?就像多米诺骨牌,咱们在刚开始就想个办法,后面的牌就不会哗啦啦倒了。"我接着说。

"简单,胖胖下次说话算数不就得了。"大力反应超快,马上回答。

"那我没说清楚,胖胖改不改咱们无法控制啊。我问的是咱们能做些什么,直接在多米诺骨牌倒下之前就主动做些什么?"我微笑着补充说。

这一次,大力凝神想了5分钟,然后才盯着我说:"我周一就问胖胖,PPT做完了没,如果他说还没做,那我就每天都问他:'做完了吗?已经做了多少?需不需要我帮忙?'"

此时,大力的双眸显得熠熠生辉。

总结一下,当孩子遇到同伴关系紧张时,家长只需做好这三点:一是让孩子面对、解决自己的问题;二是帮助孩子梳理情绪后再解决问题;三是自我改变,在和孩子讨论解决方案时,请引导孩子想出基于自我改变的解决方案,而非别人变了他的问题就解决了;否则,在对方不变的情况下,他还会情绪失控。

第十三章
一说学习就反目成仇

学海无涯"乐"作舟

各位读者,您可能还清楚地记得"棉花糖"实验(具体请参考本书第二章)。通过这个实验,我们可以看出以下两点。

(1) 自控力。通过这个实验可以看出,能够等待的孩子学习成绩会更高一些。为什么?这很好理解,我做个类比:糖对于4岁小朋友的诱惑和玩耍对于6岁小朋友的诱惑是一样的。因此,有的孩子上了小学以后知道先写完作业再玩,有的孩子则正好相反,家长向我抱怨孩子就知道玩,不知道学习。其实,孩子能不能写完作业再玩,和上述实验中孩子能不能等待,本质上都需要孩子的自控力,即自控力起到了一个重要的作用。

(2) 学海无涯"乐"作舟。很多人说学习是个苦差事,确实如此,所以,需要引导孩子在学习的过程中找到快乐,要乐在其中,而不是苦在其中。

当时，我在观看上述实验视频的时候，有一个孩子给我留下了非常深刻的印象。这个孩子也想吃糖，他先是忍着，过了一会儿，居然开始自娱自乐，用两只小手敲着自己的小脑袋，嘴里还用舌头弹着上颚，发出清脆的声音。最后，他很愉快地等着实验人员回来。因此，我有理由相信他在学习的过程中也会想办法愉悦自己，让自己保持积极情绪，从而解决学习中的各种难题。

樊登读书会的创始人樊登老师当年在中央电视台做节目主持人的时候采访过诺贝尔奖获得者杨振宁先生。樊登老师的问题是：为什么中国得诺贝尔奖的人少？杨老先生很幽默，他说坏就坏在"书山有路勤为径，学海无涯苦作舟"。因此，杨振宁先生把这句话改成"书山有路勤为径，学海无涯乐作舟"。樊登老师的儿子钢琴弹得很好，孩子一遍遍地练琴，从来不要奖励，樊登老师问他为什么，他说："因为学钢琴的过程本身就是一种奖励呀。"这也从另一个角度验证了孔子的话："知之者不如好之者，好之者不如乐之者。"

北京师范大学的陈会昌教授曾经发起了一个研究，对北京 208 个普通孩子从 2 岁起进行跟踪研究，观察其社会行为与家庭教养方式。陈会昌教授的研究结果发现：每个孩子身上都有自控力和主动性"两颗种子"，孩子成长最理想的状态，就是两颗种子都饱满地、和谐平衡地得到发展。同时，陈教授还对诺贝尔奖获得者和其他高成就者的传记进行了分析，他发现，取得高水平成就的人都有以下 6 个共同的心理条件。

（1）对自己感兴趣事物的巨大的内在兴趣和高度热情。

（2）不可阻止的、自发的学习行为。

（3）强烈的成长动机。

(4) 反潮流精神。

(5) 独立性、创造性、求新求异性。

(6) 孜孜不倦的工作态度和克服困难的坚韧精神。

前面五个心理条件都和主动性相关，最后一个和自控力相关。换句话说，主动性和积极情绪相伴相随。这就是我一再强调的停止"狼追"，培养孩子内驱力的原因，因为"狼追"的结果可能是孩子作业做了，大学上了，孩子却不享受其中。而内驱力能不断调动孩子的积极情绪，让他在自己的学习和未来的工作中享受过程并且持续努力，愿意不断地解决其中的问题和困难，获得一个又一个的巅峰体验。

美国哈佛大学心理学博士丹尼尔·戈尔曼也说过，情绪可以阻碍也可以促进我们的思考、计划、为长远目标坚持训练，以及解决问题等诸多能力，情绪确定了我们发挥各种内在心理能力的潜能界限，从而决定了我们的人生表现。我们对所从事的工作充满热情和快乐，甚至感到可以从适当的压力中受到激励，这些积极的情绪促使我们获得成功。从这个意义上说，情绪智力处于主导地位，它从正面或者负面深刻地影响了其他所有能力。我在第十章里讲过新脑和旧脑，新脑负责情，决定人想不想干一件事；旧脑负责事，决定干得怎么样。想干就是"正情正事"，不想干当然就是"负情负事"。这也是家长有时候看到孩子不想学、磨洋工的重要原因。

北师大实验小学的育人目标就 8 个字：乐学，会学，健康发展。乐学为先，放在最重要的位置。

在我做儿童时间管理工作的 14 年里，有太多家长告诉我，儿童时间管理最有效的工具就是美言录。这很容易理解，因为情绪伴随思维，当看到孩子的进步和努力，家长和孩子就会有更多的正能量，就会积极开动旧脑，继续想办法解决其他问题。

这里需要特别指出的是,如果任务难度太大,孩子的情绪容易低落,导致其干劲不大甚至会消极怠工。遇到这种情况该怎么办呢?可以通过三表,不断分解目标,找到孩子当下的舒适区和发展区,逐步加大任务难度,并且通过美言录持续肯定孩子的努力。这样,孩子进入了一个良性循环,就更愿意接受新的挑战,而且在面对挑战时能够乐在其中,最终他们也才会有更多更好的表现。换句话说,如果星星表中某些项目的红星,孩子不要也不做,就意味着需要分解目标了,否则,失败效应将发挥作用,最终孩子可能会停止所有的努力。

学生张程亮的妈妈通过微信给我发了孩子自己在期中考试前制定的九宫格和两份捷报,孩子不仅制定了目标而且积极地实施了自己想到的各种好办法。妈妈没有过分地强调孩子的成绩,而是更看重孩子学习的主动性,这一点我很欣赏。这也就是我在之前强调的先习惯后成绩的重要性的原因。为了巩固战果,从偶然变为必然,我请妈妈采访了一下张程亮同学。妈妈问:"你为什么能成为班里进步最大的同学?"张程亮的回答非常有意思。他说:"玩儿,玩儿菜地,玩儿捡破烂和浇花儿。"后来我也采访了妈妈,请她从妈妈的视角来看为什么自己的孩子能进步,妈妈感觉自己做了哪些有用的工作。妈妈告诉我,每天孩子完成任务之后,都会有自主时间。孩子在小区里建了一个"基地",里面有锅碗瓢盆。他每天从废品站或者垃圾站捡点儿小零碎、木板之类的东西去建设自己的基地。孩子觉得基地带给自己的力量是无限的,而且特别有成就感。因此,妈妈认为有自主时间是孩子主动完成学习任务的动力和源泉。所以,积极情绪会给孩子带来做事的动力。

父母的情绪管理

为了帮助孩子培养积极情绪,最重要的就是家长要以身作则,管理自己的情绪。我喜欢说一句话:自己没有的东西无法给孩子。我能想到的办法就是去不断学习,自我改变之后,再教给孩子。在我们自己的成长过程中,如果父母给我们鼓励,并且以身作则,情绪稳定,相信我们要做的只是重复父母的做法,情绪稳定地给孩子鼓励即可。在没有刻意练习改变自己之前,很多人的情绪表达是和原生家庭的某一位家长相似的,例如平和,或者是另一个极端——急躁。

美国哈佛大学最受欢迎的幸福课老师本-沙哈尔,身为心理学家,他那么有理念,他会犯错吗?答案是一定的,谁都有犯错的时候,重点是及时改错还是一意孤行,如果选择一意孤行,就会耽误孩子的成长。本-沙哈尔有一天早上起来准备送孩子上幼儿园,可是险些因为新帽子和孩子吵起来。幸好在关键时刻,他想起了美国教育心理学家吉诺特,才及时止住了情绪的多米诺骨牌。怎么回事呢?孩子冲爸爸大喊大叫:"这个帽子太大啦,我讨厌它。它总是从我的头上往下掉。"

"就为这么点儿小事,你是不是有点儿小题大做了?"爸爸满含同情地问孩子。爸爸想让孩子感觉好一些,也想趁机教育他在遇到问题的时候,情绪反应不能过于激烈。

结果,爸爸发现孩子比超人反应还快,马上用不知道是哪个星球的语言大声嚷嚷,还用帽子砸沙发。一看没用,爸爸冷静下来,想起了以前看过的吉诺特的书,赶紧换策略,接着问:"这让你很难过,对吗?你这么喜欢的帽子居然不合适？"

"是。"孩子停了一下，看着爸爸说。

"你本来今天特别想戴这个帽子去幼儿园，可你发现它太大了，真让人心烦，对吗？"爸爸又接着说。

"是啊，我今天真的很想戴它出门。"孩子回答。

然后，爸爸瞬间看到了孩子的变化，先是笑容重新出现在了脸上，之后开始学着恐龙踮着脚绕着房间踱步。还大声喊："爸爸快看，我像恐龙一样走路。"

三步培养孩子的积极情绪

家长能够以身作则，管理自己的情绪以后，就可以使用积极情绪三步法帮助孩子培养积极情绪了。

第一步，接纳情绪。当孩子出现负面情绪时，请别急着帮孩子解决问题，而是用心倾听孩子的想法并且用合适的语言表达孩子的情绪和想法。这里举一个例子，相信你可以通过我和学生来来的对话看出积极情绪给孩子带来的力量。来来一到豆豆妈妈工作室，就朝我大倒苦水："雨露老师，我现在都快崩溃了，每天都要去上课，老师留的作业特别多特别难，看着那些作业我就不想写。我特别想玩儿，不想写。今天下午又要上数学课了，可好多超难的题我还都没做，我不是不会，是我真的不想做，我特别想去后海溜冰。我早上写了一半特别难的题，最后就崩溃了，因为我觉得后面的事全是让我崩溃的，一想就不行。我现在头特别疼，我觉得写了也没有用，后面的事全是灰暗的，一点期待都没有，我根本就没有假期。我发现我永远都休息不够,永远想休息。再这样下去我就真的没救了。我妈一点也不理解我,我真的只想放松一会儿。"

接下来,来来话锋一转,又继续说:"我现在太浮躁了,根本沉不下心来学习。我的寒假作业一点都没写呢!全在写课外的,等我们全家从国外回来,数学课就更多了。"

"啊,啊,啊,要爆炸啦!"我故意夸张地两手捂着脑袋连说。

可能是看我捂着脑袋的样子太滑稽了,大半个身子还陷在沙发里的来来"扑哧"一声笑了。可是来来的笑容犹如昙花一现,稍纵即逝。

之后,来来又对我说:"可是,我真的好想去玩啊,我下午上数学课,晚上我妈说为了小升初,又给我强加了一个机器人课。"

"嗯嗯,你特别想去玩!但是感觉一点儿玩的时间都没有!"我盯着来来,点头附和道。

"因为我总是觉得再不写就完蛋了,所以就一直拿不起笔,写不出来,总想让自己玩儿。"来来马上愤懑地说。

"要不用你之前用过的满血复活法,玩够了再写,要不就写一会儿,玩一会儿?"我用商量的口吻试探着说,"或者先写一道,零突破以后你就不觉得要完蛋了?"

"我全写完还要1个多小时,我下午一点上课,我感觉我已经没时间休息了……"听完我的话,来来冷静地告诉我。

"要是每道题只写关键词呢?我不太懂,可能吗?"我仍不紧不慢地试探着问。

"不太可能,老师要求很严格,其实我都想破罐子破摔了。"来来边说边把头摇得像拨浪鼓一样。

"来来,你那天的作业最后怎么搞定的?"见到马上就要沉到谷底的来来,我话锋一转。

"那天难题少而且时间也够。其实我也是不想写,我就是一心想玩。"来来愣了几秒后回答我。

"难题少,时间够那是客观。我是想问你都干了啥,做了啥努力,想想!"我沉吟片刻接着问。

"我,我全神贯注地写题来着!"来来挖空心思地想了半天,两眼一亮大声说。

"哇,看来除了满血复活法、ACTION 行动法以外,你又多了一个绝招——全神贯注!找一道题,用上你的绝招,先零突破再说,你觉得呢?"我马上回答道。

"雨露老师,我怎么感觉这么一会儿我又满血复活了呢,我要走了。"单纯可爱的来来马上笑逐颜开,不停地点头道。

接下来我与来来约定:第二天一起评估他想到的办法是否有效。看着来来远去的背影,我非常欣慰。第二天早上,来来的微信不期而至:"雨露老师,我又充满电了!昨天用我自己想到的全神贯注大法超有效,都搞定了。上完课之后,我又在家疯玩了一下午。现在电满格,你懂的!"

当来来把他的情绪垃圾倒给我之后就有了更多积极正面的情绪,他在接下来的行动中更加专注了。

第二步,爱孩子所爱,鼓励、肯定孩子的努力。针对上文中分享的张程亮妈妈的做法,虽然孩子最早完成学习任务更多的是因为自己所爱的"基地",但是,妈妈不断肯定孩子主动、快速、专心地完成作业,也给了孩子信心。久而久之,物质和精神上的双丰收就让孩子养成了主动完成作业、要事优先的好习惯。

第三步,改变思维模式。经过前面两步,孩子的情绪通常就会稳定下来,这样孩子才能有智慧地解决自己遇到的问题。此时,家长就可以和孩子讨论解决问题的方案了,重点是以孩子为主。当孩子不断地遇到问题,解决问题,先是生活上的问题,之后就会慢慢迁移到学习问题,假以时日,孩子的思维模式才会从原来的负面情绪模式变成问题解决思维模式。

在接下来的第十四章中,我会详细介绍为什么在积极情绪的作用下,孩子们会更专注。当然,与之相辅相成的是:由于专注,孩子们会有更多的积极情绪。

第十四章
三大妙招根治孩子上课不专心

案例解析：孩子"学上瘾"的奥秘

专注投入，简单来说就是全身心地投入做一件事。

我前两天收到大伟妈妈的邮件，她迫不及待地和我分享了她和孩子最近的一次成功体验。在邮件的末尾，我看到了大伟爸爸妈妈的反思和困惑。具体是怎么回事儿呢？

大伟妈妈告诉我，周末孩子有英语课、体能课、科技课和网球课。大伟周日回到家吃完晚饭已经六点半了，他收拾完书包后就把课外数学习题的一张卷子拿出来，非常专心地完成了。在这期间，他头不抬手不停，眼睛一直盯着他的卷子。之后大伟又用了5分钟时间背诵古文，还和妈妈约定第二天默写古文。之后，大伟又花了半个多小时写了篇作文。妈妈看到,大伟写作文的时候也知道列提纲了,然而,列完提纲之后,起笔却非常艰难。妈妈在看到大伟不停地摸钢笔的时候很纠结,几乎要忍不住走过去提醒他,或者像以前一样上前催促。一旁的爸爸看见了,做了个手势告诉妈妈别说话,用眼睛看。妈妈一想也是,于是就偷偷地躲在门外观察,过了10分钟左右就见大伟突然开始奋笔疾书,妈妈也就放心地去厨房了。过了15分钟,大伟的作文大功告成。妈妈非常好奇,等大伟所有的作业都写完之后,走到正在收拾书包的大伟身边,妈妈心直口快,问题直入主题:"我看你写完作文之后特别兴奋,为啥?"大伟说:"写之前我想该怎么写呢,想好以后一写起来就停不下笔了。"在妈妈眼里,说这话的时候,大伟笑容灿烂,嘴角上翘,而且两只眼睛里迸发出智慧的光芒。看到非常有成就感的大伟,妈妈和爸爸都很欣慰,也进行了反思:孩子不用家长唠叨,他自己也会慢慢知道该怎样做好自己的事,所以以后孩子学习的时候真的要管住嘴。同时,爸爸妈妈也困惑,这孩子惰性太强,感觉他有懒惰的一面,也有勤劳的一面,他只要能打败那个懒惰的自己,就能成功。怎么才能让那个勤劳的大伟再出现呢?毕竟好习惯的形成需要好行为的多次重复。

我从以下两方面来分析一下大伟的案例。

(1) 安静的环境。妈妈看到大伟摸笔不写,既没催促也没唠叨。这样,就给了大伟一个安静的环境,使他能够静下心来思考作文题目。而且,白天各种活动,都让大伟处于一种很活跃的状态,晚上大伟能够静下心来收拾书包,考虑一下第二天上什么课。妈妈这是典型的无为而治。

(2) 心流。大伟写作文时那种写得停不下来的感觉,是他在学习中陶醉、沉迷于学习不能自拔的状态。大伟在开始执行任务之前,自己制订了一个计划。因为计划的每项任务目标明确,更重要的是任务有挑战性,且又在能够完成的范围之内,所以大伟在执行任务的时候沉浸其中,完成任务后也很有成就感。毫无疑问,大伟是在舒适区和发展区,也就是他的最近发展区学习。在这个区域,学习任务不仅可以完成,而且还有一定的挑战难度,需要孩子够一够才能达到目标。孩子感觉自己有成长,有成长自然也会感到很愉悦。

针对这种感觉,美国心理学家米哈里·契克森米哈赖曾经收集了10万份样本,研究这种状态,并将此感觉称为"心流",特指人在做一些特定的事情时,那种全神贯注、忘我投入的状态。在这种状态下,你甚至感觉不到时间的存在,在这件事情完成之后,人会有一种充满能量并且非常满足的感受。其实,我们在做自己非常喜欢、有挑战性并且擅长的事情时,就很容易体验到心流,如爬山、游泳、打球、玩游戏、阅读、演奏乐器,还有学习、工作的时候。

为了将这种感受具体化,契克森米哈赖教授提出了构成心流的八个要素:一是一份可完成、但是又有一定挑战难度的任务;二是全神贯注;三是任务有明确的目标;四是任务有即时的反馈;五是深入投入行动之中,日常生活中的忧虑和沮丧都因此一扫而空;六是充满乐趣的体验使人觉得能自由控制自己的行动;七是进入忘我状态;八是时间感会改变,几小时犹如几分钟。一般来说,等事后回顾这种感受时,通常人们会提及其中一个或全部八个要素。总之,这些元素结合在一起,会让人有一种强烈的愉悦感受。

针对大伟爸爸妈妈提出的如何让孩子的好行为再次重复,我当时给了这个家庭以下三个辅导建议。

（1）具化"心流"。采访孩子，与孩子一起回顾那天完成任务时的"心流"。根据之后家长的反馈，大伟当时这样描述这种感受："就跟打游戏似的，回想起那种快乐的感觉就跟打游戏一样激动。"说到游戏，你想过没有，为什么孩子一玩游戏就沉浸其中，乐不思蜀？除了家长陪孩子玩的时间少，时间久了孩子干脆把游戏当朋友这个原因之外，更重要的是游戏的设置激发了孩子的兴趣。我专门研究过一些热门游戏，它们有两个共同特点：一是这些游戏都是让孩子由易到难逐级闯关，而且都是属于够一够就能达到的目标。孩子一努力就能完成任务之后，就愿意持续努力，这样成功效应就发挥作用了。二是孩子在游戏中闯过任何一个关卡之后，都有一个打了鸡血似的声音在那里振臂欢呼："太棒了！好样的！干得漂亮！"这种欢呼声不绝于耳。因此，如果这些游戏中的经验对孩子有效，为什么家长不借鉴过来使用呢？所以，类比来说，这就是为什么我们请家长通过时间日志和任务清单找孩子现阶段学习的舒适区和发展区，逐渐形成三表后还要配上美言录的重要原因。

（2）最近发展区。家长继续对孩子的任务完成时间做记录，从而为评估下一阶段新的最近发展区做准备。因为经过一段时间的时间管理，孩子的舒适区和发展区都会发生变化。

（3）家长的情绪管理。与孩子提前确认好目标任务和完成时间后，家长要继续修炼自己的内功——不吼不叫不纠结。

大伟的故事可能会让人产生这样的感觉：人家的孩子多省心，不用管也能达到教育目标。其实，儿童时间管理哪会那么一帆风顺呢？相对于大伟妈妈的无为而治，王博轩和妈妈的故事则充满了挑战。虽然举步维艰，但是王博轩和妈妈已经看到了希望之光，母子俩正在充满信心地大踏步向前——王博轩从班里最后一名,已经反超三位同学,成为班里进步最大的同学。

王博轩妈妈在她给儿子的微信中这样说:"放学路上你告诉妈妈语文测验考了81分,我都不敢相信自己的耳朵,妈妈以为听错了。你说确实是81分,在学校里,老师念到你81分的时候,你也有点儿不敢相信。当全班掌声响起时,你才相信是真的。老师和同学纷纷向你表示祝贺。你说那一刻带给你的那份喜悦、美好、快乐是你终生难忘的。整个下午你都沉浸在快乐之中。你说再也不觉得自己笨了,只要努力,肯定会有进步。最后一名不是永远属于你的。这次你竟然又超过了两名同学,这让你更想努力学习了,你内心的自卑感在渐渐褪去,同时自信心大增。听了你的这一番话,妈妈真是高兴得不知说啥好了。儿子成长了,儿子在用自己的力量证明自己的能力。"

我见证了这个家庭母子双方在困难面前,不轻言放弃、持续努力的极其旺盛的生命力,也见证了王博轩妈妈训练自己不吼不叫不纠结的完整过程。因此,我总结了以下四点,分享给正在为儿童时间管理而奋斗的家长们。

(1) 任务难度合理。面对王博轩在学习上的任务难度,妈妈一直坚持分解目标、寻找孩子不同阶段的最近发展区,目的就是为了让孩子有更多的成功体验,以形成成功效应。这个时候其实最难,类比来说,比如班里同学的水平都在地上一层或者更高,但是,自家孩子现在正在从地下100层、地下80层努力跃升到地下50层,并逐步拾级而上,最终到了地上一层,这时,老师、家长和孩子都更有信心,孩子更加努力。然而,这个阶段的"爬坡"最难,因为哪怕已经从地下100层跃升到地下50层了,可因为毕竟是在地下,这种努力还是很容易被忽视的。因此需要特别提醒家长:如果你的孩子也在经历类似的状况,请一定帮孩子不断分解目标在孩子现阶段能够达到的目标,不要指责孩子,消耗能量。立足当下,根据孩子的实际水平分解目标,找到最近发展区才是正解。契克森米哈赖教授认为,人们似乎在任务难度适当或者稍高于平时任务难度的时候最能集中注意力,而且他们在这个时候的表现也会优于平常的表现。如果对他们的要求过低,他们就会觉得乏味;如果要求过高,难以应付,他们就会产生焦虑。心流存在于乏味和焦虑之间的微妙地带,被认为是一种最佳的体验。

(2)家长承担行为结果。在这个"爬坡"的艰难过程中,王博轩妈妈也有难以控制情绪的时候,但是她不把责任推给孩子,而是选择自己勇敢地承担行为结果。妈妈是怎么做的呢?有一次在辅导孩子的数学寒假作业时,因为妈妈的语气又硬又急,嗓门儿还高,孩子出现了对抗。妈妈赶紧跑出去让自己消气,可没想到,孩子还在对抗。眼见一下午的时间都荒废了,什么都没干成,孩子却还在闹情绪,妈妈勃然大怒,一把拎起孩子,扔到了床上,准备动手打孩子。幸好关键时刻,大脑灵光一闪,闪出了自己给孩子的承诺:以后我不再动手打孩子了;如果动手,给孩子30颗红星。理智恢复之后,妈妈主动向孩子道歉,并且告诉孩子自己违规了,所以要给他30颗红星。王博轩很实在,回应说:"不用了,给10颗红星就行。"但妈妈态度坚决,坚持给了孩子30颗红星,以示对自己的惩戒。

王博轩妈妈的这种处理方法很令人欣赏,因为家长以身作则非常重要,当家长告诉孩子"我没想批评你,都是你惹得我"时,孩子也就学会了找客观理由推卸责任。例如,孩子没抄学校记事本会告诉家长他正要抄的时候老师把黑板擦了;这次考得不好,是因为老师出的题太难、太偏了。潜台词就是:这不是我的错,不能怨我。

(3)正确运用三表一录。在此分享王博轩妈妈最近写的一篇美言录:"这两天儿子进步神速。在昨天独自完成星星表的情况下,今天、今天、今天你竟然在我不在的情况下,自己打开书包,主动、主动、主动地准备写作业了,一点儿也不依赖我,到最后居然一点儿也不用我帮忙。你自己把多音字、形近字、好词好句都摘抄得那么干净工整,让妈妈非常惊奇!你做数学作业更是让妈妈感到不可思议。一张卷子,一点儿也不问我,自己分三次独立完成,竟然还让我出去办事。等我回来时,你依然在低头认真仔细地做题。妈妈不在,你也丝毫没有让自己放松。儿子,你是不是着了魔了?你怎么让自己进步得如此之快呢?"

王博轩妈妈写的美言录有两个特点:一是重要的事情说3遍,妈妈在强调"今天"和"主动"的时候都特意说了3遍;二是整篇美言录都在强调孩子的主观努力,没有一句类似"你做得不错,希望你一直保持这样就更好了""乐高拼得很专心,要是在学习上也这么专心就更好了"这样的表述。

(4)心流。从王博轩妈妈的美言录中,我们可以看到孩子在做数学作业的时候已经达到一种沉迷式学习、浑然忘我的状态,连妈妈进门都没有发现。

美国哈佛大学心理学博士丹尼尔·戈尔曼也有类似的阐述,他说:进入心流状态是人的情绪智力的至高境界,在心流状态,情绪不受抑制和牵绊,而是积极的、充满活力的,并与当前的任务协调一致。如果人处于抑郁、倦怠或者焦躁不安的状态,就无法进入心流状态。不过几乎每个人都曾经体验过心流的状态,尤其是在进入巅峰状态或者打破以前纪录的时候。此时,人们的注意力高度集中,只关注与当前任务有关的狭窄范围,忘掉了时间和空间。

戈尔曼博士还举了一个例子:有位外科医生回忆了他在实施一个难度很大的手术时的心流状态。他做完手术后注意到手术室的地板上有一些碎瓦片儿,于是就问别人发生了什么事情。他非常吃惊地听到,原来在他全神贯注做手术的时候,有一块天花板掉了下来,但他完全没有注意到。这和王博轩同学低头认真写作业没有意识到妈妈已经回家的情况是不是很相似呢?我以前带过的一个学生成长小组中的妈妈也和我分享过类似的经历:孩子非常投入地在写作业,根本没发现家长已经走到他面前了。孩子没有像以前一样,一听到爸爸妈妈的脚步声就假装坐在书桌边写作业,这让那位妈妈非常惊讶,还写在了当天给孩子的美言录中。

四个孩子不专心的原因及其破解方案

通过以上两个家庭的故事,我们已经很清楚地了解了什么是专注、投入。接下来要探讨的是:造成孩子在学校上课或者回家写作业不专注的原因是什么?怎么破解呢?以下是四个比较常见的原因及其解决方案。

第一个原因及其解决方案

原因:任务太难。如果任务过难,例如要完成的校内、校外作业太多,通常来说孩子写一会儿就注意力不集中了,东张西望,能拖一会儿是一会儿。尤其是当孩子平常都考八九十分,有天突然考了100分,或者平常都晚上11时写完作业,突然 7 时 30 分就写完作业的时候。这些相对于孩子平常的情况来说,都属于潜能区,不是常态。挑战难度过高,孩子就不愿意做了。

解决方案如下。

(1) 找常态。请使用"学习情况一览表"记录并且评估孩子的学习状态,目的是找到孩子的学习成绩以及作业质量的常态。

(2) 确定最近发展区。请使用时间日志和任务清单确定孩子现阶段的舒适区和发展区,即找到孩子的最近发展区。

(3) 增加心流体验。如果家长根据以上两点帮助孩子在学习上找到了最近发展区,挑战难度适中,孩子就有机会体会到更多的心流体验。

在美国芝加哥的一所中学里,研究者挑选了数学测验成绩排名在全校前 5% 的学生,并由数学老师将他们评估为高成就者或低成就者。研究者对这些学生利用时间的情况进行了监测。每位学生携带一个传呼机,白天,传呼机会随机提醒他们记录当前从事的活动以及情绪状态。结果发现,低成就者每周在家学习的时间只有 15 小时,比高成就者的 27 小时要少得多。低成就者不学习的时候把大部分时间都花在了社交上,例如与朋友或家人出去玩。研究者通过分析学生的情绪状况,发现低成就者和高成就者之间的差异主要在于学习的体验。对于高成就者,在 40% 的学习时间里,他们感受到了愉快、专注的心流状态;对于低成就者,他们只在 16% 的学习时间里出现了心流状态,而且低成就者在行为要求超出能力水平的时候往往会产生焦虑情绪。低成就者从社交活动而不是学习当中获得乐趣和心流的感受。总之,能够达到并且超过自身学业潜力水平的学生,往往更容易被学习吸引,原因在于学习会令他们进入心流状态。除了成就测验所衡量的智力潜能之外,进入心流状态的学生学习效果会更好。

通过以上这个研究,我们就更容易理解孩子们的想法了。他们只有在学习上获得了更多的心流体验,他们才愿意花更多的时间和精力在学习上。

换句话说,由于孩子们在玩游戏时有更多的心流体验,因此,自然也会对游戏流连忘返。

第二个原因及其解决方案

原因:亲子冲突引发情绪,孩子无法专心学习。

解决方案如下。

(1)避免唠叨。为什么家长要避免唠叨呢?因为唠叨会引起超限效应。超限效应是由于刺激过多或者作用时间过久而引起逆反心理的现象。据说,马克·吐温有一次在听牧师演讲时,最初感觉牧师讲得好,打算捐款;10分钟后,牧师还没讲完,他不耐烦了,决定只捐些零钱;又过了10分钟,牧师还没有讲完,他决定不捐了。在牧师终于结束演讲开始募捐时,过于气愤的马克·吐温不仅分文未捐,还从盘子里偷了两元钱。因此,家长要避免唠叨。我的同事王宏老师在其孩子处于青春期的时候找到了一个很有效的办法。她和孩子提前约定,"妈妈找你谈话时,10分钟后你就可以离开了,这不算对妈妈不礼貌。"因此,王老师就想办法在10分钟内将自己认为重要的话说完。

(2)"我你他"法。当家长有情绪的时候,可以使用"我你他"法。具体做法是家长找一个角落,在一张纸上用"我你他"三种人称描述让自己生气的那件事。这个方法非常有效,因为:一是转移注意力,家长赶紧离开生气现场,避免冲突升级;二是给自己找事情干,让自己从情绪状态尽快走到行动状态;三是用"我你他"三种人称来描述同一件事,由于角度不同,家长的情绪慢慢也会平复下来。

第三个原因及其解决方案

原因:孩子上课不听讲,回家依赖家长。

解决方案如下。

(1)观察上课积极发言的同学。在孩子上学之前,给孩子一个任务,请他上课观察一下积极发言的同学。等孩子回家之后,和孩子讨论为什么有些同学能够正确回答问题,而有些同学却不能。如果有的同学问题回答得不正确,那么正确的答案应该是什么?孩子说出一个问题和正确答案,给孩子1颗红星并配上美言录,肯定孩子上课认真听讲的行为。

(2)向孩子请教。如果孩子没听讲,家长回家之后建议不要给孩子讲课。家长应该有意向孩子示弱,表明以前学过的知识已经忘了,向孩子请教相关知识点。孩子如果表示不会,请孩子第二天去学校向老师或同学请教,学会之后再教家长。当然,请记得跟上外驱力的星星表和内驱力的美言录。

(3)单一功能的文具。尽量给孩子选购那些单一功能的文具,简单实用是重点。

第四个原因及其解决方案

原因:练习时间过长。

解决方案如下。

（1）进行目标管理而不是时长管理，与孩子设定需要达到的目标。

（2）从孩子的性格特点入手。家长需要根据孩子的性格特点找出孩子在意的做事燃点，调整行动方案。

以上两点的具体实施，可以通过叮当的案例来说明。

因为学拉小提琴叮当和妈妈经常发生冲突，叮当拉琴的时候注意力很不集中，效果也不好。因此，妈妈决定做出改变，先和叮当的小提琴老师郭老师沟通了自己的新办法，计划每天只给叮当50分钟时间练习拉小提琴。每周回课时，请郭老师对叮当的拉琴水准做出专业评估，并告诉叮当。郭老师非常惊讶，连忙说："50分钟根本不够，以前听您说叮当在家有时闹情绪，光做准备都得耗上二三十分钟呢，更别说真正练琴啦，你们每次练琴最快不也得两个小时吗？"妈妈诚恳地告诉郭老师："叮当非常喜欢小提琴，也很佩服您的专业水准，说希望有一天自己的拉琴水准也能像您一样。虽然叮当讨厌每天练琴，但他每次经过努力拉好一个曲子之后，又异常兴奋，说妈妈你看，我又攻下了一座山头，我太棒了！这样，郭老师，要不咱们先试试，如果不行再想别的办法。"妈妈与老师沟通之后决定再和叮当沟通自己的新办法。和往常一样，当天放学回家写完作业后，叮当皱着眉头，缓慢地从琴包中拿出小提琴并开始做准备工作。妈妈走到叮当面前，语气和缓地说："叮当，咱俩以前为了练琴，天天把家里搞得鸡飞狗跳。妈妈不想那样了。这样，妈妈决定，你每天只练琴50分钟。而且，妈妈也认真想过了，妈妈不是专业老师，不能评判你拉琴到底是否熟练，以前因为这个问题咱俩吵得天翻地覆，你说熟练，我说不熟练，还得重新练习。咱们以后回课都听郭老师的。"

叮当大声说："好。"

可是到了周末去找郭老师回课，一下课，叮当就耷拉着脑袋出来了。回家之后，叮当就严肃地和妈妈说："妈妈，郭老师今天说我上节课学的曲子不够熟练，我下周回课的时候，非拉熟练不可。我觉得50分钟还是不行，以后写完作业我至少得练一个半小时。"

"宝贝，学琴太苦了，妈妈心疼你，你的时间都练琴了，都没有玩乐高的时间了。妈妈坚持，咱们每天就练50分钟。"妈妈平静地说。

"妈妈，不行，就得一个半小时。"叮当马上说。

妈妈平静地又重复了一遍刚才的话。几个回合之后，妈妈提出了新的方案："叮当，妈妈非常高兴你这么努力学琴，为了学琴，乐高都可以不玩。这样，两个选择，或者每天50分钟练琴，或者如果需要增加时间，每多练1分钟，就需要减少2分钟的游戏时间。"

"这不公平。"叮当立即跳脚反对。

"宝贝，你也可以不增加时间啊，用好你的50分钟呗。两个选择，你做决定。"妈妈微笑着看着蹦来蹦去的叮当说。

慢慢地，叮当我和爸爸都体会到了这种"饥饿疗法"的好处。叮当每次写完作业收拾好书包，就神速地做好准备，并始终保持一个姿势站在那儿，双眼紧紧地盯着乐谱拉小提琴。当然，孩子的努力得到了丰厚的回报。到了回课的时候，郭老师难以想象：这样的熟练程度，每天真的只练了50分钟。看着郭老师夸张的表情，叮当的成就感直线上升，心里也乐开了花。

在叮当的案例中，叮当妈妈根据力量型性格孩子追求成就感、注重目标的性格特点，特意采用上述方法达到了教育目标。

最后，在此分享王博轩妈妈写的一首小诗《爱在哪里》，与正在为了孩子努力实践儿童时间管理的你共勉。

爱在你清晨的一声问候里，

爱在你脸上的喜悦笑容里；

爱在你对他深情注视的目光里；

爱在你和他的每一个拥抱里；

爱在你对他的肯定、赞赏的语气里；

爱在你对他的鼓励、帮助里；

爱在你给予他的热烈掌声里；

爱在他受挫后你的理解、包容里；

爱在他难过时你的共情里；

爱在你的柔声细语里；

爱在你积极乐观的心态里；

爱在你正确的思维里；

爱在你正确的语调里；

爱在你满足他的需求里；

爱在你制定的规则里；

爱在宇宙中温暖的阳光里。

第十五章
消除依赖心理，学习更独立

很多家长并不陌生"成就感"这个词，具体来说就是指一个人做完一件事，尤其是在克服困难完成一件事之后，为自己所做的事情感到愉快的感觉。我经常强调，家长可能什么都能给孩子，但就是有一种东西没办法给孩子。是什么呢？那就是成就感！因为这种内心满足的感觉需要孩子通过克服一定的困难之后才能得到。

以超超为例，有一天我在和超超做训练的时候发现，孩子边做游戏边吸溜鼻涕。超超告诉我他感冒了，所以我马上肯定了孩子生病了还坚持来上课的精神。孩子笑了笑继续上课。下课后，超超妈妈和我坐在客厅沟通。当我再次肯定孩子一直坚持克服困难的勇气时，超超突然举起右手，胳膊往下一拉，两眼放光，嘴里大声喊着"Yes！"满满的成就感。直到现在，这个画面依然动感十足。

案例解析：在学习上找不到成就感的小宝

接下来以小宝为例看看成就感缺失的孩子会有哪些问题。

小宝妈妈下班回家后发现小宝坐在书桌前一直不开心,写作业也不在状态,嘴里一直嘟嘟囔囔说自己就想画画。妈妈问他怎么了,小宝说心烦,就想画画。妈妈一看小宝状态不是很好也就没强迫他做作业,而是随着小宝的意思让他画画。吃晚饭的时候,小宝一直哭,问他原因,他就说:"我就想画画,什么都不想做,干什么都烦,白天在学校也是莫名心烦,就是想画画。"他还告诉妈妈,中午同学们都在写作业,自己就是不想写,偷偷地画画。于是,小宝妈妈向我求助,非常着急地问我是什么原因。

在与小宝妈妈的沟通中,我进一步了解到孩子自三年级以来作业特别多,第一学期很不适应,这学期稍微适应一些了,但是总抱怨老师留的作业太多,总说"为什么留这么多""写这么多有什么用""讨厌上学"之类的话。有的时候小宝还总想让妈妈给他请假晚去会儿学校。妈妈看孩子做什么事都特别磨蹭,心里很着急。而且,孩子的老师又总在家长微信群里说谁谁谁表现优秀、谁谁谁没完成哪些任务之类的话,这些都让小宝妈妈异常紧张。

在学习和工作上从来没输过的小宝妈妈,也不想自己的孩子在班里落后。所以,平日里对小宝要求很高,每次作业都让他按老师的要求认真完成。老师一下留了一个星期的作业,让孩子们自己安排时间完成。所以,小宝妈妈就按照自己赶前不赶后的习惯,直接给孩子制订计划,督促孩子提前完成一些作业。考试之前妈妈再根据考试大纲帮助小宝精心复习,大多数情况下小宝都能拿到高分,但偶尔小宝也会因为粗心被扣分。当然,回家之后,妈妈也会因为小宝的粗心训斥他。这样一来,小宝每天都要写作业、练琴、阅读打卡、完成课外英语班作业,连周末都在学习,很少能出去玩。说到最后,妈妈也觉得小宝确实挺可怜的,可是现在这种教育的大环境下,家长又能怎么办呢?

妈妈之前学过儿童心理学,也看过一些绘画治疗的书,所以,她告诉我,从小宝的画中,自己能够感觉到他特别没有安全感。平常小宝也很依赖家长,特别重视妈妈对自己的评价,希望妈妈能多关注自己,多表扬自己。妈妈在电话里说完最后一句话"我觉得自己作为小宝妈妈这个角色简直糟透了,非常失败",就泣不成声了。我知道家长目前的状态无法解决问题,因此,我请小宝妈妈先平复一下激动的情绪,约好解决问题的时间,就放下了电话。

我从以下三个方面来分析一下原因。

(1)依赖性强。小宝妈妈不仅对自己要求严格,而且对自己的孩子也是高标准、严要求,因此,她把面子看得相对重一些。这就导致她只盯着结果,反而忽视了让孩子从自身出发,逐步让孩子超越自己。孩子做不到怎么办呢?就直接包办代替,将孩子学习的责任承担过来,从平时写作业到考试复习给孩子制订各种计划并且身体力行,督促执行。时间一长,小宝的独立能力自然就下降了,同时依赖性增强。考试考得好,小宝会觉得那是妈妈的功劳;考得不好,妈妈又会埋怨自己粗心。总之,小宝在学习这件事情上除了挫败感,根本体会不到任何成就感。

(2)问题解决能力弱。问题解决能力弱和依赖性强是相辅相成的,由于孩子依赖性强,自然问题解决能力就变弱了。因为孩子并没有锻炼、试错的机会。对孩子来说,他会觉得题多做多错,那还不如不做不错。

(3)压力过大。由于依赖性强,解决问题能力弱,就自然导致了压力过大的问题。由于家长的包办代替,孩子的问题解决能力并没有发展起来。这样,孩子在上了三年级以后,作业越来越多,校内校外所学的知识难度不断增加,这些无形的压力把这个可怜的孩子压得越来越喘不过气来。因此,小宝选择无压力的任务——画画,而不是学习。理智上他知道自己应该学习,但是,情绪上是真不想学。所以,小宝就回到了我们最初比较原始的状态——像婴儿般哭泣。

基于以上这三个问题,我当时给小宝妈妈也提供了三个相应的辅导建议。

(1) 过程导向。在第三章也讲过,孩子自主才能自立。虽然孩子作为一个学生,需要承担学习的责任,但是,他首先是一个人。作为人,孩子当然有自主安排时间的权利。孩子在学习的过程中,遇到困难就克服困难,只有在克服困难后才会有成就感。按照心理学家阿德勒的说法,每个人都希望在这个社会上占有一席之地。孩子只有对家庭、学校、社会有所贡献,才会有成长的动力。当然,贡献之后也都希望得到肯定。这很容易理解,因为从人的内心世界来说,每个人都渴望拥有成就感。当然,孩子刚开始做计划并且实施的时候肯定会有很多纰漏,所以需要家长根据时间日志和任务清单寻找孩子的最近发展区,而且允许孩子犯错,尝试错误,错误递减。在这个过程中,先让孩子拿自己的昨天和今天做比较。

(2) 任务排序。虽然写作业、练琴、阅读打卡、课外英语作业都是小宝应该完成的任务。然而,由于家长承担责任过久,孩子的独立能力并没有得到提升。所以家长就需要按照 ABC 排序法排出优先顺序。孩子执行学习任务时要先保证质再保证量。什么意思呢?就是说要先培养孩子建立时间管理的好习惯,然后再按阶段,逐步加量。无论如何,家长不能代替孩子成长。

（3）鼓励肯定。小宝虽然在学习上还没有完全进入习得性无助状态，但是已经到临界点了。因此，家长需要放弃所有对孩子的指责，收起食指，伸出拇指，用放大镜寻找并且肯定孩子的点滴努力。

四步培养孩子的成就感

我从以下四个方面来具体说一说如何培养孩子的成就感。

（1）帮助孩子发展多元智能。每个孩子都是独一无二的，因此，家长可能会发现自己的孩子语言智能比较强，或者逻辑数学智能更强一些。每个孩子的优势智能不同，因此，像性格一样，家长也需要尽早了解并且帮助孩子发展他的优势智能。早在20世纪八十年代，美国著名发展心理学家、哈佛大学教授霍华德·加德纳博士就提出了多元智能理论。他指出，人类的智能是多元化而非单一的，主要是由语言智能、数学逻辑智能、空间智能、身体运动智能、音乐智能、人际智能、自我认知智能、自然认知智能八项组成，每个人都拥有不同的智能优势组合。我发现，在实践中，这些智能至少有两个作用：第一，帮助孩子发展相关的优势智能，使孩子未来在工作中更容易发挥自己的优势，例如语言智能比较强的孩子未来在做教师、主持人工作时，或者空间智能比较强的孩子在做建筑设计师时更加游刃有余。第二，优势智能可以成为帮助孩子解决问题时很棒的资源。我有一个朋友原来读高中的时候，数学成绩一塌糊涂，经常是家长吼，孩子哭，但无济于事。后来，她的妈妈也不纠结了，开始观察自己的孩子有什么资源可以用来解决这个问题：她数学逻辑智能差，妈妈就利用她的优势智能——语言智能和记忆力超强的资源，请她按题型背题，考试的时候也是按题型解题。这位朋友大学毕业以后就一直发挥自己的优势智能,已经成为一名非常优秀的电视台节目主持人了。

原北京十一学校李希贵校长也在一次公开的讲话中提出,正是基于多元智能理论和脑科学的研究成果,全校4000多名学生就有4000多张课表,目的就是为了帮助孩子们在选择适合自己的课程中成就自我,从而让孩子们发现自己、唤醒自己,并最终成为最好的自己。

著名心理咨询师李子勋也曾给他的一个朋友提建议,只要是孩子有兴趣的项目,如机器人、滑板、画画等,在12岁之前都可以尽量让孩子去尝试。试着试着,家长和孩子逐步就能确定下来孩子真正愿意发展的兴趣和优势智能。

(2)允许孩子试错。即使家长瞟一眼就知道完美的解决方案,也请尽量将解决问题的机会让给孩子。有时候我跟家长开玩笑:"您已经在社会上证明了自己的成功,现在是想办法让自己的孩子成长,让他有机会更加强大。"

以我在训练营中的学生包包为例,有一次包包在游戏室参加活动时,为了寻找更多的恐龙,去了另一个游戏室,说好拿了就回来。可是5分钟以后也没回来。所以,我来到另一个游戏室找他,一进门,就看到包包正蹲在地上,手里拿着一个恐龙,正在从恐龙嘴里往外抠什么。我再定睛一看,才发现不知道是之前哪个淘气的小朋友,用两个纸球和一个白色的塑料球塞满了恐龙的嘴巴。那么多恐龙不拿,包包非要坚持拿这只。我顺嘴就想说:"拿别的呗,这只有塑料球,等我拿出来,你下次再用这只。"但看了一眼眼神坚定的包包,我折服了,因此,瞬间我听到自己说:"好,我们就拿这只。"等我们回到原来的游戏室后,包包一直坚持往外抠着恐龙嘴里的塑料球,先是用手,然后又告诉我去拿一个夹子。我找了一圈,没有找到,就和他解释并且承诺下次带给他。包包嘴上没说什么,但手上一直没停。后来我去其他房间找到一个曲别针和剪刀,再次和孩子确认:"我没有夹子,不知道曲别针和剪刀有没有用。"

神奇的包包居然在1分钟内将曲别针改装成了夹子。但是,还是没能取出来。他又开始用剪刀。他用剪刀的方式着实让我为他担心,因此,我拿走了剪刀并告诉他我的担心,同时承诺下周带夹子给他。可是包包还是不肯放弃,几分钟后,他突然语气坚定地说:"我今天必须干成!"随后好像仍然是用手,最后,他终于将塑料球和两个白色纸球从恐龙玩具的嘴里拿了出来。那一刻,包包欣喜若狂,伸出双手和我击掌相庆。这时,包包的成就感爆棚,而且更为重要的是,包包在生活上的问题解决能力随后也逐步迁移到学习上了。3周之后,包包非常自信地告诉我:"我上课都积极举手发言,语文、数学、英语、体育都是如此啊。"

(3)强调孩子的内在努力而非外在评价系统。众所周知,人们做事通常会有两种动机:内部动机和外部动机。从内部动机出发,人们更看重的是自己的努力,逐步建立起自己的内部评价系统。而且自己的努力是能控制的变量,所以,掌控感更强。美国哈佛大学教育心理学教授杰罗姆·布鲁纳曾指出,内部动机是由三种内驱力引起的:一是好奇的内驱力,即求知欲;二是好胜的内驱力,即求成欲;三是互惠的内驱力,即需要和睦共处,协作活动。然而,从外部动机出发的人更强调外部评价系统,如别人的想法、名次等。

我的学生小萌在北京市一所名校读高中,成绩一直名列前茅。但是,她也有一个痛点,就是每到重要考试之前就焦虑到睡不着觉,小萌见到我的时候强调说:"这次期末考试,我必须得全班第一。"我笑着问她:"你必须得第一?你觉得这是你能控制的吗?"她低头不语。之后,小萌和我讲了她的很多烦恼。等小萌倒完苦水,开始平静地搜寻我的眼睛时,我笑着和她讨论了一句名言——"改变能改变的,接受不能改变的!"我对她说:"如果你有足够的智慧,你就能分辨出哪些是能够改变的,哪些是不能改变的。"小萌的眼睛亮闪闪的,突然她告诉我:"老师,我明白了,我做我能做的所有努力,这是我能控制的!"如果一个孩子太过依赖外在的评价系统,比如是不是第一,有没有当上三好生,等等,就有可能在外在评价系统突然坍塌的时候出现一蹶不振,甚至自杀等我们不愿意看到的事情。

(4)70%的等待和30%的唤醒。原史家胡同小学王欢校长的教育理念是70%的等待和30%的唤醒。我和松松的互动就是一个很好的例子。松松妈妈当初向我抱怨说,他们不能带松松去商场,因为松松要什么东西如果没给买,那他根本就不回来。松松在学校里听课的注意力时间平均下来也只有15分钟,而且完全看心情。孩子和我在训练中也会碰到类似自控力弱的问题。例如第一次训练结束后,按照约定松松可以用魔币挑选一个礼物带走,可松松手里却抱着两个礼物不撒手,我笑着重复了之前的约定,一旁的妈妈想直接从他怀里抢走,但是松松往后一撤,死死地抱着玩具,坚持要拿走两个。看到这种情况,我告诉松松:"你可以拿走两个,但是下周来的时候,咱们的百宝箱就空一次。当然,你也可以拿走一个,这样,百宝箱不仅不会空,而且还会增加一些漂亮的飞机。现在你做决定。"松松坚持说:"我必须两个都拿走,而且我下周来的时候,百宝箱不许空着。"我笑着告诉松松:"你可以做你的选择,根据你的选择我再做我的选择,让百宝箱空着或者增加飞机。"松松开始耍赖,抱着玩具说:"我就是想拿走,百宝箱也得满着。"我重复了刚才的话之后,就和松松约定,再给他1分钟时间,想想再做决定。1分钟后,松松依然坚持他之前的想法。我说:"好,我尊重你的决定。"可让我非常惊讶的是,松松不走也不退回多余的玩具。我理解,孩子也在纠结,所以,我就笑着和松松说:"现在你心里有两个小人儿在打架,左边那个小人说:'多好玩啊,我就得把两个玩具都带走,回家去玩。'右边那个小人儿说:'不行啊,如果带走了,百宝箱就空了,而且爸爸也不给我买会跳舞的小玩具了。'你先让他们俩斗吧,3分钟后你告诉我你的决定。"结果,松松很坚定地告诉我,还是左边那个小人儿赢了。我确实有些意外,于是说:"好,你带走吧。"结果松松依然站着不走。

由于当时我还要赶着去参加一个聚会,所以就请松松妈妈带着孩子走了。然而,1小时后,当我都快到聚会地点时,突然接到松松妈妈的电话说孩子告诉爸爸妈妈他自己错了,不应该拿两个玩具,所以,现在还在豆豆妈妈工作室楼下说要把玩具还给我。在电话中,我请松松先将玩具交给自己的妈妈。松松不同意,说必须亲自交到我手上才行。我知道松松迈出这一步有多不容易,所以,权衡了之后,我还是赶回来,和爸爸妈妈一起,充分肯定了孩子的自控力。战胜了自己的松松对自己非常满意,满满的成就感都写在脸上。这最难的一步迈出来之后,松松上课注意力集中的时间也逐步由平均15分钟逐渐增加到了20分钟、35分钟。

还有一位妈妈一直让我心生敬佩,当时,她的孩子拒绝进行时间管理。妈妈也不气恼,先从美言录开始,认真实践了对孩子30%的唤醒和70%的等待。最终,我从她给孩子的美言录中感受到了这个孩子满满的成就感,也非常高兴看到这位妈妈的努力终于有了回报。美言录中这样写道:"今天你们学校有活动,下午5时40分才放学,妈妈感到自己好幸运!我正忙得焦头烂额,还能晚接你,这使我有时间把看完的《儿童时间管理案例手册》整理一下发到了学习群里。接你的时候你告诉我所有作业都已经在学校写完了,我问你是怎么做到的,你说：'放学晚'来不及去图书馆了,还要吃饭,到家晚再写作业得几点睡啊！还不如干脆在学校把作业都写完了,踏踏实实地去参加学校的活动,回家看会儿书,玩会儿游戏,不操心地睡觉多舒服。当然也因为今天体育课和思品课老师有事情改上自习,无形中多出来80分钟时间,自习时老师只让写作业,所以才把所有作业在学校都写完了。'我特别赞同你的做法,也连连点头表示肯定。到家之后,我赶紧煮饺子,一扭头看到你正在写语文阅读题,等你写完我问你：'怎么到家不先玩会儿游戏？作业不都在学校写完了吗？'你说你想跟自己已经养成的旧习惯做做斗争,试试看自己能不能控制住自己到家就先玩的行为。我给了你大大的拥抱！你真是太棒了！"

成就感是自己的感觉,直接来源于自己对自己的认可,是克服困难后的愉悦感受。培养孩子的责任感需要做到以下四点：帮助孩子发展多元智能；允许孩子犯错；强调内在努力而非外在评价系统；70%的等待和30%的唤醒。

儿童时间管理的三个重点

儿童时间管理有如下三个重点。

（1）请将更多的精力和时间放在重要但不紧急的事情上,如对孩子习惯的培养而不是让他多做几道题、多写几张试卷。当你发现自己和孩子终日忙着不重要但紧急的事情时,也许真的需要静下心来调整方向了,因为时间管理说到底其实就是习惯管理,目的就是让家长和孩子拥有更多的时间和精力思考、执行重要但不紧急的事情。

接下来分享关于邓辰然同学的故事。邓辰然同学上初中的时候和我一起做过时间管理和成绩管理训练,她经过努力,已经考上了自己的目标学校。她在升入高中之后持续努力,也对自己的人生做了一些规划,例如计划考入清华大学,之后去欧洲读研究生,再回国去大学教书。我坚信邓辰然凭着自己的努力,会一步步实现自己的目标。所以,当邓辰然妈妈和我约时间的时候,我还在想:孩子会说什么呢?辰然同学当时在上高二,我们见面后,她没有过多的寒暄,就告诉我她很困惑,因为她突然想到:如果一切顺利,自己当上了大学老师,可是,自己会觉得幸福吗?那是自己真的想做的事情吗?

隔天我和邓辰然妈妈分享的时候真是喜出望外,用"超级兴奋"来形容也不为过。为什么?因为邓辰然同学已经在初中养成了很多好习惯,不用占用太多的时间就可以完成现在的学习任务,所以就可以在别的同学紧张学习的时候,她有时间思考这些重要但不紧急的事情。例如她会想:这真的是我想要的生活吗?我还有没有其他可能的选择呢?邓辰然妈妈非常欣慰孩子现在已经开始思考这些问题。

(2)摆脱坏习惯的巨大引力。古希腊哲学家亚里士多德曾经说过这样一句话,他说:"人的行为总是一再重复。因此卓越不是单一的举动,而是习惯。"《高效能人士的7个习惯》一书的作者史蒂芬·柯维也强调,习惯对我们的生活有极大的影响,因为习惯是一贯的,在不知不觉中,经年累月地影响着我们的品德,暴露出我们的本性,也左右着我们的成败。

柯维更是用了一个绝佳的类比来描述坏习惯对我们的影响。在阿波罗11号的月球之旅中,宇宙飞船升入太空前必须先克服强大的地球引力,尤其是在刚升空时的几米消耗的能量比宇宙飞船升入太空以后几天几十万千米消耗的能量还要多。与此类似,写作业磨蹭、粗心马虎这些坏习惯也有巨大的"引力",想要完全摆脱,也真的不是一朝一夕的事情。所以仅靠几天的美言录,一点点地去改变是不够的。然而,如果我们坚持下去,那么一旦孩子摆脱了这些旧习惯,有了新的好习惯替代之前的旧习惯,家长和孩子就都有时间和精力思考、执行那些重要但不紧急的事情了。

(3)幸福。苏联教育家苏霍姆林斯基说:"教学大纲、教科书规定了应该给予学生的各种知识,但是没有规定应该给予学生的最重要的一样东西,那就是幸福。所以,我们的教育理念应该是培养真正的人,让每一个从自己手里培养出来的人都能幸福地度过自己的一生。"这句话我一直牢记于心。

第十六章
内驱力明星分享

"学渣"轻松学习变学霸——张博严

首先,在每天的学习过程中,我总会遇到一些困难。有一次月考,我的成绩很不理想,所有科目都没有达到自己的理想成绩。这时,妈妈让我做一个分析,并给我制订了独特的"提分妙招"(学习计划):数学每天做多少题;英语每天做多少题,读多少篇课文;历史和政治每天背多少个知识点;地理和生物每天认多少图;等等。每一科的安排都精细得要命,但是我属于力量型性格的学生,做题是没有办法使我提高成绩的,而且我也没有耐心去做那么多题,于是我主动申请要求自己列计划。一开始妈妈不同意,后来经过我的争取,妈妈不得不顺着我来。

在我的计划中,数学上课认真听讲,下课认真复习、做题,仔细检查,有不会的自己想;地理、历史和政治上课多配合老师,老师讲一道题我就背一道题，把各科所有的例题和练习全部学会，下课完成作业。周六、周日复习一下各科目的难点，然后愉快地放松，以便下一周能更好地学习。妈妈听了我这样的计划表示反对，因为妈妈认为周六、周日应该好好学习，不应该放松。但我根据自己力量型的性格特点制订适合自己的学习计划，再加上我的辅助性格是完美型的，所以自己说到的事情肯定会做到。

到了期中考试时，我各科的成绩都得到了提高，理科成绩在班里名列前茅，成为班里的前几名。同时，我在周末得到了充分的放松，还做了自己喜欢做的事情，并不感到疲惫。每次考完试后，我都会根据自己的不足，制订属于自己的、独一无二的学习计划。

其次，之前我的理科成绩只是及格，上数学课时，我强行睁着眼，坐在椅子上假装听课。后来我们班换了一个数学老师，这个数学老师虽然口音不是很标准，但是说话很有趣，所以上课时同学们总会因为老师普通话不标准而笑起来，渐渐地数学课变成了我的一个轻松的课程，时不时也会听一点课。从那以后上数学课我就再也没有睡过觉，慢慢地发现我能听懂老师讲的大部分内容。在平时的数学测验里，我的分数虽然不是很高，但一点一点地在进步。一个很平常的早晨，我来到教室进行晨读，突然脑子里灵光一闪，回想起前一天上数学课的内容，我又拿起数学书，看着书上的练习题，发现我居然全会做了。这一个巨大的灵光闪现，让我对数学开了窍，从那以后我便迷上了数学，并知难而上，遇到不会的题目就主动去问同学和老师。

在一次平常的测验中，老师给我们出了一套很难的数学题，我们答得都很吃力。当时我遇到了一道难题，解完这道题的时候，下课铃声已经响了，我瞬间脑子一片空白，因为我感觉刚拿起笔就到了要放下笔的时候。虽然那时候我觉得时间过得飞快,但精神一点也不疲惫,反而在解题的过程中浑身舒服,解完难题时又感到很高兴。这种感觉给我带来了很大的改变,让我更爱钻研数学问题,我在期中考试中数学得了92分,进入了班级中数学成绩的"第一梯队",也成了班里的第二个"数学老师"。

最后,和家长沟通也很重要。一周的住校生活结束后,周五回到家,我刚拿起手机,妈妈就过来说:"刚回到家就玩手机,还不快点去学习!学习完了再玩多好啊。"但我不想去学习,就使用了"小计谋"。我把这周取得的成绩告诉了妈妈,妈妈听了我这周的成绩比上周优秀很多,心里很高兴,并表扬了我,夸我这周很努力。趁妈妈高兴的劲儿,我就对妈妈说:"我这周干的活实在太多了,特别累,我休息一小会儿,然后再去干活,这样效率比平常高,干活比平常快,你让我休息一会儿,这不就是一箭双雕吗?"妈妈听了,感觉有道理,也不禁点了点头。就这样,我不但好好休息了,而且还让妈妈感到高兴,并且学习的速度和效率还比原先更高。

一个可能会很"悲惨"的周末就这样神奇地被我变成了"表彰大会"。

得知《儿童时间管理内驱力手册(升级版)》出版在即,已远赴澳门科技大学求学的张博严同学特意和我们分享了他的中考备考心得和给家长的一封信,内容分别如下。

(1) 中考备考心得:谁说只有大人能当心理学家

当我真正地知道我要好好学习的时候是初中二年级,当时我所有的成绩加起来只有200多分,不可能上高中。老师的重心也不在我的身上,但老师并不知道我就是那一匹隐形的黑马……

河北有一句人人都知道的金句"只要卷不死就往死里卷",在这种充满竞争的环境下我的心智成长是很快的。我给自己制定了一个目标,那就是考上我们市区排行前四的任何一所高中。这是我制订的第一个能影响我人生的计划。

由于是第一次订计划,所以我并不知道如何实现它,就在我斗志昂扬的时候新冠疫情暴发了。疫情的暴发让我恐惧也让我好奇,我们被迫在学校隔离学习,老师和学生的心情都很压抑,时不时地核酸检测也会影响我们上课的进度。当时我制订的学习计划就像一盘散沙,而且我也没有心情去实行。还有一年就要参加中考了,大家的心情是急切的,老师对每一个人的期望值都很高。由于我比较懒散,老师认为我考入好高中的希望并不是很大,将我分到了慢班。那时候我心里想:"同样都是学生,为什么他认为我不行?"于是我开始借鉴别人的学习习惯,根据科学研究,21天可以养成一个好的习惯,于是,我把别人身上好的习惯照抄照搬,在模仿的过程中进行优化,逐步去实践。

最终,我用高两倍多的成绩考入了我们市区排名前四的高中。我的整个历程看似简单实际上是困难的,难就难在做出改变的第一步。

在这个过程中我认为突破心理障碍是重要的,有时候我们其实是知道如何做是正确的,不去行动的原因也就三点:碍于面子、不想走出舒适区、与自己产生对抗心理。为此,可以采取相应的对策进行改变。

首先,独立是可以有效地解决因为碍于面子而不去行动的问题的,其中独立思考是极其重要的,这会使你冷静下来,从而拥有明辨是非的能力。

其次,不想走出舒适区简单来说就是"懒",在舒适区内你会有安全感,但是这个区域是很少能获得个人发展的地方。如果想一想,简单的改变就可能获得美好的未来,为什么不去实践呢?

最后,如果你与自己产生对抗心理,那么说明你拥有一颗顽强的内心,这并不是一件坏事。这恰恰说明了当你下定某种决心的时候,你将会拥有极强的执行力并且不容易被外界打断,更容易让你事半功倍。你只需要舒缓情绪、理性思考、树立自信,你就会比别人更容易成功!

非常感谢雨露老师能让我继续书写我的精彩人生!

(2)给家长的一封信:

致亲爱的家长朋友们:

每一个小朋友都是宝贝,是天赐的礼物,他们值得感受这世间的美好的。每一个小朋友都是天使,他们比成年人更容易感受到爱,小朋友们并不贪婪,容易满足,他们是值得被温柔对待的。每一个小朋友都是勇士,他们敢于在复杂的环境中历练自己,他们是值得被尊重的。时代的快速发展让本就安详、平静的地球村变得匆匆忙忙,小朋友们没有足够的时间感受美好,本该品尝"小火慢炖"的他们却被强行拉着吃"快餐",这对小朋友们是不公平的。我们应多给他们一些时间适应。学业固然重要,可快乐幸福永远排在第一。小朋友们能解决的问题远比课本上的数学题要多得多,小朋友们做错的是题,可他们并没有做错事情,分数和排名在小孩子的人性面前都应该让步。家长朋友们,你们有没有想过小孩子的愿望其实很简单,可能就是你今天跟他分享的一件有趣的事情,可能就是你的轻声细语,可能就是普普通通的陪伴,这些简单的要求真的比考一个高分难吗?小朋友们更渴望的是得到认可,得到赞扬。家长朋友们能够读懂老板、客户、领导的心,却读不懂一个未成年孩子的心,和一个孩童生气、吵架,这真的对孩子们公平吗?慢一点、耐心一点,再多一些理解,你真的会发现小朋友们是伟大的,是值得学习的,更是值得我们去爱的!

学习"掌舵人"——齐景然

中考过后,我问学生齐景然为什么能超额完成任务?他粲然一笑:"我有梦想啊,我觉得做学生一定要有目标!"为什么?齐景然给出三个理由。

第一,目标是不断超越自我的灯塔!我得先评估一下:我是谁,我能做什么,接下来再定目标。也就是说先把能力范围内的东西做好,再去拓展,制定下一个更高的目标,并不断超越自我。

第二,过程是必不可少的。你不能干着干着就不干了,因为最终你要实现目标。既然我最终要实现梦想——创立一家伟大的动漫公司,学习和考试就是必经之路,所以,即使中间遇到各种困难,我都需要克服。

第三,做自己的掌舵人。如果掌舵人不是你,当出现海上风暴时,很容易产生无力感,所以,你必须是掌舵人!

第三点我深以为然!有些家长一边训着孩子说学习是你的事情,一边催着、吼着孩子快学习,家长不自觉地担起了本该由孩子承担的责任。因此,有的孩子上了初中、高中后在学习上遇到困难就逃避,也就容易出现不想上学、没有学习动力等问题。为什么？归根结底——不是"掌舵人"！

齐景然同学的最后一句话我立刻懂了：如果不做，啥方法也没用，所以态度最重要！

之后，我按照惯例和齐景然以及他的家长一起复盘，目的是总结成功经验并备战更为艰难的高考。中考487分的超常发挥以及8所高中的选择权让大家都兴奋不已，末了景然爸爸更是唏嘘不已，反复感叹："哎呀，要不是这个结果，你说咱们现在都啥心情。"的确，正如景然爸爸所言，至少三座大山大家一起都合力翻过来了，真心的不容易！哪三座呢？

第一座大山：成绩。去年期末开完家长会后，景然妈妈的整个心都揪起来了，按照班主任老师的分析，景然根本上不了高中啊。如果考不上高中，就剩下两个选择，上职高或者复读。后一选择景然坚决反对，坚称就是上职高也不复读。

第二座大山：孩子的努力跟不上家长的期待。景然是努力了，可问题是中考在即，别的孩子也在拼命地学。所以，一模成绩出来后，虽然和一年前相比，景然的成绩从346分已经提高到429分，然而此时距离目标中学去年的录取线仍然还有25分的差距。

第三：新冠疫情。疫情期间多数学生都上网课，拼的就是孩子们的自控力。活泼好动的景然整天待在家里，学习效率自然也是不高的。看着孩子在家听课东倒西歪，时不时还会收到各科老师的催交短信，景然妈妈心急如焚。她告诉我还不能把孩子说急眼了，毕竟正值青春期的孩子，很有可能一梗脖子还就啥都不干了。

和大家分享我们复盘后的三点共识，希望对各位读者有所帮助。

第一，内驱力。家长需要先确认自己的养育方式是"狼追型"（催促、唠叨、警告、打骂等）还是"驱力型"（想办法调动孩子的内驱力让孩子自觉主动地完成任务），即所谓谋定而后动，两种方式的做法和效果当然也会大相径庭。当孩子的内驱力激发出来，他们才会为自己的学习负责进而采取元认知策略，持续且锲而不舍地完成自己的学习目标。元认知策略简单地说就是孩子自己主动制订学习计划、监测实施过程并持续评估效果。

第二，跬步千里。孩子们从地下100层到地上1层最难，因为即便已经从地下100层奋力爬到地下80层或者地下50层甚至地下10层，那也还在地下，孩子们的努力很容易被忽视。被忽视之后的结果就是孩子们觉得无望，失去动力。然而，从地下100层拾级而上，这是孩子最终爬上地上1层，追平或者超越其他同学的必经之路！所以，家长需要持续肯定孩子在此过程中的一次次微小的努力和进步。

第三，老师的鼓励。很多时候老师给予孩子的一句鼓励或者家长会上的一次表扬都能让孩子重新出发，并愿意继续为自己的目标奋斗！

复盘之后的齐景然投入紧张的学习中，然而，意外还是猝不及防地发生了。就在离高考还有3个月的时间，一天下午，齐景然突然发现自己学不进去了，眼看着班里的同学们都在认真学习，他却陷入了深深的自责和内疚之中。经过反复思考和分析，齐景然意识到漫长的备战时间已经让他的动力不足了。怎么办？齐景然开始向内探索，思考自己为什么要学习，进而又想到了人生的意义即人为什么要活着。他不仅自己思考还为此发起了一个微调查，目的是了解更多"过来人"的观点。当时共有10位不同性别、年龄、职业的智慧达人参与了此次调查，如表16-1所示，为各人观点总汇，供各位读者参考。

表 16-1　10 位智慧达人关于人生意义的微调查

观　　点	姓名	备注
人在世上,总能找到属于自己的一套哲理。或许人生的意义就在于发现"他","他"高于一切。再差的人也有属于他的生活方式,有着一套属于他的人生哲理。不必急于追求,也不必急于发现。待时机成熟,"他"自然便会涌现,"他"胜过先贤的话语,也胜过至圣的名言,"他"只属于你。无须太在意他人的言论是否相同,不必活在良言相劝下,这些不属于你。只有"他"是你创造出来的,是你最重要的话语,也是引领你一生的真理	齐景然	男,18 岁
关于我的人生哲学,说来惭愧,在我的青年时代,好像没有这么清晰的梦想,也不太知道自己为什么而学习,好像一直是混沌的状态,所以才为作者感动。大概到 20 多岁的时候,目标好像忽然清晰了,也有了方向,现在回忆起来,最大的感受是——全力以赴,不留余地,拼尽全力。带着这份拼搏,我努力了 15 年,也收获了很多,真的实现了自己的梦想——过有意义的人生,当我老了,回过头时,能看到自己成长的足迹。很高兴,我曾全力以赴过,没有给自己留下遗憾。现在我 40 多岁了,我感觉自己的人生好像又刚开始一样,但和 20 岁时的区别是,现在更关注自己内心的体验,更关注过程,在过程中能够发现很多乐趣,也会更投入其中,没有以前那么关注目标、关注结果了。当全神贯注地去做一件事时,可以忘记时间、忘记空间,不计得失,不计奖励,只是单纯地体验事件本身带来的乐趣,也是一种非常幸福的体验	小蔺妈妈	女,43 岁
我的人生目标是享受今天,因为明天也许会不如今天;今天要努力,争取明天做更好的自己		女,63 岁,记者
大凡世间人一般都归属于如下几类,都按照归属于自己的轨迹生活,循环往复。第一种,按部就班者;第二种,怀疑者;第三种,追寻者;第四种,明了者。各个类别间的人精神上天差地别,很难相容。人生重要的是过好当下,不纠结于过去,不过于期望未来,每天顺心而为,宁静、恬淡、快乐,胜过一切		女,50 岁,教师

续表

观　点	姓名	备注
认同作者的观点，价值观和人生观更多的是经历塑造的，而不是书本上理论塑造的。我自己的人生哲理如下。 (1)天救自救者。能救你的只有自己。遇到事儿如果有人帮是恩情，没人帮是常理。 (2)不要给别人超过他能回报的好。如果给予太多得到的太少，好就变成了恨。对人的好要适可而止。 (3)面对恐惧的事情，直视它。不要躲开，把它一劈两半，从中间穿过去。 (4)感情的基础是需要，要让别人从自己身上看到需要之处，这是维持一段良好关系的基础。 (5)做人要体面，别人对我们好是非常难得的，要回报得更多一点。 (6)过得好要低调，不炫耀，否则会招惹莫名的嫉恨；过得不好也没必要博同情，都是你个人的事儿而已。		女，42岁，设计总监
生命重建，持续成为更好的自己——掌控者思维模式、终身成长、正向关注。	雨露	女，49岁
我觉得作者的想法独特且自信。在于人生的不同阶段，每一时期的想法都会发生变化。随着年龄的增长，感悟也会随着变化。做自己能做的，做自己该做的，一切交给时间。当然我认同作者的观点，顺应实际，做当下的自己。我的人生哲理，也是随着时间而变化的，从一元到二元，我的认知还没有到多元。现在只明白了事情不是非黑即白，应作如是观	郭弘	女，51岁
如果一个人从小就在好的心理辅导和引导下成长，那么这对于他的健康成长是非常有益的。我们这一代人没有赶上好时候，大家的目标就是活下来、吃饱饭，其他的都是次要的。我这些年的所悟不能算人生哲理，算是做人的准则吧——踏踏实实做事，老老实实做人。我觉得这样长久坚持下来，生活过得还可以，至少我周边的人都是这样的	李嘉栋	男，55岁

续表

观　　点	姓名	备注
关于人生的阶段问题,我最近有一些感悟。第一阶段,全方位认识自己,以旁观者看待外部世界。第二阶段,从自己的实际能力出发参与改变周围环境,创造符合自己期待的世界。第三阶段,你的目光离开了自己,更多地关注外部世界,开始思考别人的意愿是什么,以及为什么会导致现在环境的形成。我是世界的一分子,我又如何能与环境共存。我觉得作为普通人,思想变化就是这几个阶段。作者在自己的年龄段达到了他该有的思想高度就很好了。当然,探索的最高境界是观察,而不是破坏。另外,只有在你充分认识和接受了自己,指导你的哲理才会来	阳光	男,52岁
通过这位作者的话,能够看出作者对于自我、本我和他我的认知水平。我之前觉得人要过三关(耐得住寂寞,吃得了苦,受得了委屈),方能杀出一条路来。我甚至在微信里写道:磨难,并非人们渴望的礼物,对于坚强的心灵来说终将成为财富。后来我觉得罗曼·罗兰说得更有高度:世界上只有一种真正的英雄主义,那就是在认清生活的真相后依然热爱生活。作者讲道:"人在世上,总能找到属于自己的一套哲理。或许人生的意义就在于发现'他','他'高于一切。"不断提高自己的认知水平,会有意想不到的结果。人没有一步路是白走的,它是实现梦想的基石。祝愿作者按照自己的哲理,活出最好的自己,因为每个人都是独一无二的,找到最适合自己的路	齐欣	男,51岁

　　理越辩越明,道越论越清。正是由于这些智慧达人的积极参与,齐景然的奋斗目标更清晰了,也拥有了奋斗路上所需的内驱力。2023年高考前夕,齐景然虽有焦虑,但是他和我达成了共识,他只负责专注地战斗到最后一刻! 齐景然不仅兑现了自己的承诺,而且创造了奇迹:四科高考成绩比之前的模拟考试都有提高——英语提高了 25 分,语文提高了 16 分,生物提高了 22 分,历史提高了 13 分。为什么说是奇迹呢? 因为在复盘二模考试的时候,他告诉我:"已经没有上升空间了,该做的努力都做了"! 然而,这个考试

结果告诉我们：只要想，自己"卷"自己，永远有机会让自己创造更大的进步空间！此时此刻，齐景然已经坐在自己心仪的北京工业大学耿丹学院的教室里，继续自己的追梦之旅。

如何拥有内驱力——马俪芮

内驱力需要我们用一生的时间去探索。客观上讲，内驱力是指在需要的基础上产生的一种内部唤醒的状态或紧张状态，表现为推动人们进行相应活动以达到满足需要的内部动力。对于高中生来说，通常认为促使自己去"做"的动力就为内驱力。那么，内驱力促使"做"的具体内容是什么呢？这个力可以推动我们写作业，看书，做家务，当然也会推动我们打开手机，看电视。于我而言，它是我懒惰的借口，也是驱使我前进的动力。

有一个不会被磨灭，不会消失的力量，它能冲破黑暗，突破铜墙，坚定前行，它在我身体内部，让我不惧前行，它叫作我的内驱力。它可以出现在我放下手机，拿起书本的那一刻，也可以出现在我吃完饭，起身走向厨房的路上，等等，有太多这样的例子了。有很多伟人证实了它的重要性，在阿姆斯特朗登上月球那一刻，人类与星星的距离无限缩小；站在诺贝尔奖领奖台上的并非哈罗一个人，还有 5 岁时怀有青涩梦想的他。"故天将降大任于是人也，必先苦其心志，劳其筋骨，饿其体肤，空乏其身，行拂乱其所为，所以动心忍性，曾益其所不能。"内驱力使人们的行动不被当前的环境所困，行动起来则会"曾益其所不能"。所谓强者更强，是因为他们用内驱力而行动，用这股力量去塑造完美品质，推动他越走越远。而弱者更弱也并非无道理，他们无一不会倒在同一个困难之下，认为自己陷入"山重水复疑无路"的境地，可他们不知,走出这个"圈套"后就会"柳暗花明又一村"。这种人经常会被称之为失败者,失败在于他们不会利用与生俱来的内驱力,这是他们的致命弱点。

内驱力的强大不必赘述,可怎样激发内驱力,或者说怎样才能拥有内驱力呢?这也是困扰许多人的问题。

第一,设立目标。目标是必不可少的关键一环,可以是短期的、中期的或是长期的,一定要保证目标是可行的。为了更好地实现目标以激励自己,可以将其拆解为一个个小目标,当你完成一个小目标时,你的内驱力会升级,便可以为下一步的困难提供更加强大的力量。

第二,信任自己。当你相信自己一定可以做到时,内驱力就会更加强大。当你对自己缺乏信心时,你的焦虑情绪就会使内驱力变得弱小。

第三,挑战自己。当你面对挑战时会更加兴奋,这种兴奋也会让内驱力更加强大,更好地去解决问题。挑战可以是学习新知识,承担更多责任,积累新的经验,等等,通过挑战提高能力,从而不断地激发内驱力。

第四,养成好习惯。好的习惯会让人更加自律,例如定时读书,定时锻炼,早睡早起,等等,这些都可以更好地激发自己的内驱力。

在践行这些方法时,也需要内驱力的帮助,可以说激发内驱力的方式和内驱力被激发二者相互促进,相辅相成。

山河勇士塔尖上的明珠——蔺天祺

内驱力在我的学习生活中起着很重要的作用。内驱力是我们在日常生活中自发产生的一种具有驱动效应的自我力量,这是源于我们内心的一种喜欢和热爱,也是我成长道路上的不竭动力。接下来我将用我的三个亲身经历讲述有关内驱力的故事。

故事一：山河勇士塔尖上的明珠

这个夏天,我最期待的便是穿越琼州海峡之旅。听说要举办这次活动的时候,我便不假思索地填了报名申请。因为我喜欢有挑战性的活动,这次穿越琼州海峡是山河勇士第一次开启大航海项目,有很多的未知和无尽的荣耀。

这次穿越琼州海峡是内测版,所有参与这个项目的伙伴,都是活动的设计者和筹备者。出发前,我们开了两次预备会。第一次预备会,三皮营长介绍了本次航行工作模块和工作细项以及负责人。航行包括7个大模块,涉及22个小项,营长让我们根据自己的特长认领工作任务。

我觉得这个方法非常好,给我们介绍了一个新的思维模式,既能锻炼我们的规划能力,又能锻炼我们的自理能力和解决问题的能力。我认领了医疗官的工作,先预估出大家在健康方面可能会遇到的风险,通过查阅资料,选出各种疾病对应的药品,并了解该药品的副作用和适用人群,接下来把这些内容整理到表格上,准备在第二次会议中进行汇报。

很快便到了出发的那一天,我五点半就起床了。到了机场我遇到了第一个问题,我和另外两个人都在三层,后来改的地点在四层,好在最后我们还是汇合了。接下来我们经历了一天的奔波,终于到达了徐闻宾馆。

第二天,我们练习了ACA一级和二级的部分动作,包括前进桨、低位支撑和高位支撑等动作。我认为其中最难的是高位支撑,这个动作的要领是先加速，接着扫桨，并且把桨放到胸前然后侧艇，最后压桨并向前推水完成转向，我当然是很熟练地完成了。当天晚上我们去了第一天吃饭的那家餐厅。

第三天早上，我们的营长三皮说今天早上不能再去同一家餐厅了，于是我们去了另一家面馆吃早餐。这一天，我们练习了 ACA 三级的部分动作，其中就包括了本次活动中最受欢迎的，同时也是最难的动作——爱斯基摩翻滚。这个动作是要连人带艇，以皮划艇为轴旋转 360 度。它的动作要领是先将手腕内扣翻到海里去，之后将桨叶和海洋舟垂直，然后向下压桨，并且向回拉桨，最后转胯，当海洋舟回正后，将身体从水里转上来。这个动作确实很难，但我学会了！

吃过晚饭后，我们又召开了本次行程的第三次晚例会，主要内容是讲解第四天横渡时可能会遇到的问题，选副队长，介绍海上急救用品的使用方法，制订横渡计划，分配任务，讲解部分技术动作，注意事项，以及如何正确穿越航道。我主动请缨担任副队长，在队伍的最后方，如果有人掉队就负责协助。

到了横渡日，也是本次活动最重要的一天，五点钟我们披星戴月地出发了。出海后，清晨的阳光洒在平静广袤的海面上，甚是美丽。我们也信心满满，没人掉队，也没人感到疲惫。

我们在经历了一段划行后，有人开始掉队。当时我们才划了不到十分之一的路程，但他没有放弃，经过他不断地努力，在队长的鼓励和我的牵引下，成功在大部队休息的时候赶了上去。

到了晚上 10 时 30 分左右，大部分的伙伴都已经很疲惫了，但大家都还在坚持，没有人上保障艇，也没有人抱怨。经过我们坚持不懈的划行后，终于划到了航道的一侧,准备横穿航道,这就意味着我们已经划完一半了。我们的计划是划过航道后再做休整,所以我们并未停留,所有人都竭尽全力地划。有的时候抬头看货轮离我们还很远,而且移动速度看着也很慢。但我们低头划上一两分钟后,再抬头看货轮就像开了闪电一样瞬间就出现在了面前,而且游轮掀起的浪也很高,于是我们都用尽全力地控制好自己的小艇,以最快的速度划行。最后,我们每个人都顺利地通过了这一段航道。

出了航道,我们进行了简单的休整,很快我们又遇到了新的困难。就在刚出航道不久,我们就遇到了乱涌,在这个区域里所有的浪都是没有规律的,甚至可以说是所有的浪都是从四面八方涌向你的。在这个区域里,我们都很难控制方向,有的时候我们打右桨没有向左转反而向右转了,好在我们都坚持下来了。

最后一天我们在海南开了结营仪式。

这次大航海,我收获了很多——提高了皮划艇的技能,收获了友情,磨练了意志,增强了自信,在复杂的环境中看到了自己的成长。我想对所有的朋友说,当你觉得很难的时候,就再坚持一下,然后就会发现胜利就在前方。

故事二:原始森林,有什么不一样

期末考试前,在得知要去参加原始森林探险这个活动,我非常激动。在最后一门考试结束之后,我迫不及待地回到家中,开始收拾这次探险需要的物品。我一股脑地把想要带的东西全部塞进了登山包中,结果发现这个包比我之前去黄河漂流的时候还要轻,由于我过于急切忘记了装某些重要而且不起眼的装备。

我太期待这次森林探险了，比之前的任何一次活动都令我感到兴奋。那次黄河漂流活动中，我在皮划艇上感受到了黄河的波涛汹涌，也感受到了大自然的伟大力量。我想这次的原始森林探险会是另一番全新的体验。于是我仔仔细细列了一张清单，反复思考我是否还需要购买一些其他的物品。在多次确认过之后，我开始按照清单一件一件地收拾我的背包。终于，我收拾完了，这时候发现不知不觉已经过了凌晨12时，我才感觉到肚子饿得已经咕咕叫了。于是我赶紧弄了一碗泡面，吃完后我终于疲惫地睡着了。

第二天我早早起床，开始上网查阅神农架原始森林的相关知识和森林探险的前人经验。神农架林区位于湖北省西北部，是世界地质公园，国家最美十大森林公园，是以秀绿的自然风光，多样的动植物种、人与自然和谐共存为主题的森林生态旅游区。我仔细学习并记录了各种关于探险的知识和方法，比如怎样找到水源食材、哪里可以作为休息场所、要注意的林中危险，以及遇到危险时的求救指南。事实证明这些知识都是非常有用而且必要的。晚上我怀着满心的期待，一边幻想着这次探险会遇到什么有趣的事情，一边沉沉睡去……

终于到了出发的这一天，我再次检查了背包，确认了没有忘记的东西之后，才安心地出发。8时整，我到了火车站，和同学们会合之后终于开始了我们的探险旅程。经过了长达六小时的路程，我们终于到达了终点站——兴山站。接下来，我们坐车前往兴山县的胜隆酒店，在那里我们先休整了几分钟，之后去中厅集合，营长对我们仔细地讲述了如何在登山包里放所需的物品，"主舱的最底层放睡袋，上面放保暖衣物，再放雨衣和中午的食材……"我们收拾了自己的装备，把徒步需要的装备单独放进了登山包内，而其他的物品被要求全部放进了保障车里。这是一次全新的体验，我们第一次感受到了森林的探险与其他旅行的不同。在携带装备方面，我们只带必需品，精简我们的背包。

到达后的第二天上午，我们去了神农架木鱼镇的"山居岁月"酒店，在那里我们举行了开营仪式，大家都很开心。我们的营长教了我们如何合理膳食，目的是让我们在原始森林中做饭时不会出现营养不良的现象。我们计划了想要吃的食物，下午出去采买，回来继续整理了每天需要带的东西。最终决定由我负责背当天中午的食物，我和营长克莱是进入原始森林第一天唯一要背重装的人员。

进入原始森林的第一天，我们徒步了一整天，看到了和城市喧嚣完全不同的独属于森林的自然风光。我们在森林宽阔的土路上行走了一段路程，各种大小和形状的碎石铺满了整条道路，路上随处可见倒下的枯木和郁郁葱葱的树林。正值初夏时节，满目一片新绿，我们呼吸着清新的空气，耳边是不知名的各种鸟类的鸣叫和各种虫子的叫声，不知是否是在向其他动物传递我们这些外来生物到来的消息。上午当我们经过一段十分陡峭的挂壁公路时，向导专业地给我们挂上了安全绳。想不到这段狭窄的路上，我们新奇地品尝了野生的草莓。带着这点点甜味，我们走过了这段惊心动魄的路程，走到了第一个休整点，开始吃午饭。恢复好力气，下午我们又走了一段十分陡峭的土路，在路上我们看到了色彩奇异的山鸡，并且涉水走过了林间的山泉，最终我们走到了公路上，见到了当地人，安营扎寨，安灶做饭。饭后我们总结了徒步的收获，带着满身疲惫结束了一天的旅程。

清晨，我们在森林的鸟叫之中醒来，我们自己做了"糊塌子"，再次开始了我们的旅程。在公路上我们看到了一群黄牛，有的在低头吃草，有的在漫无目的地游走。这些黄牛身上还有蚂蟥，胆子大的队友还观察了蚂蟥的样子,发现其生命力非常顽强。走过牛群,我们再次踏上了山路,看到了草丛中的"红伞伞,白杆杆",这真是我从未见过的一种蘑菇。向导制作了登山杖,我们借助它走过山路,走进了山民的农田,这里结满了鲜嫩的梨子,又是另一种新奇景象。我们继续前进,路上又多了许多大块的岩石,还有一些一层一层堆叠起来的黑色巨石,它们见证着神农架地区古老的历史。傍晚,我们在营地学习了索降。练习打双鱼人结是索降的第一步,接下来把绳索绑到自己腰间的主绳上,绑好八字环就可以开始索降了,这个项目真是有趣又刺激。

第三天,我们重装出发进入原始森林。营长克莱教授教大家如何卷防潮垫以及如何把防潮垫挂在自己的包上。接着,我们走进了原始森林的最深处。先是一段十分陡峭的爬升,然后走进了一处山谷,接着又向前行进了一段距离,这里是满山满野望不到尽头的草地。我们看到了一处破败的土屋,土屋里有一群山羊,接着我们又走了一段距离,在这里我们见到了一棵大树以及很多根树干搭建的一处"庇护所",在这里我们乘凉、休整、吃饭。接下来我们继续走进深林,周围除了同伴就是满眼的葱郁。走过这一段路就到了今天的露营地,这里是在一座山头上,也是神农架的核心区域,已经完全看不到有居民生活的痕迹,我们安营扎寨生了火,做了烧烤,烤了棉花糖和肉,第一次我们需要自己过滤泉水,烧开后储存备用,当天我们烧水接水,工作到了深夜一点多,这真是一次新奇的体验。

在森林中的最后一天,我们收拾了帐篷,卷好了防潮垫,并且带走了所有的垃圾,收拾好行囊,我们不舍地离开了神农架的核心区。返程的路上我们看到了野生的树莓,红得鲜艳欲滴。品尝几个,虽然没有超市里的香甜,但也别有一番滋味。继续向前,我们又遇到了一群黄牛和它们的主人,真是人与自然和谐相处的一幅好景象。接下来我们走进了一片密林,这时我们得知前队走错路了，而更令我们担心的一件事情发生了——有人走丢了，更糟糕的是，他并没有能和我们联系的设备，正在大家忧心的时候，我们听到有人在呼喊，原来是走丢的那位队员在呼唤我们。我们汇合之后重新寻找了方向，到达了休息点并且开始等待前队。这时我们的营长让我们独自走完最后一公里，克莱出发五分钟后我也出发了，这一路上我想了很多，终于我到达了终点，营长克莱亲手给我带上了山河勇士五大挑战之一的"一百二十小时原始森林探险"奖牌。他问我这一路上都想了什么？我说："将来的你一定会感谢现在努力奋斗的自己，加油！"我们在公路边合照，纪念这一令人难忘而又心旷神怡的旅程。

临回家的最后一天，我们举行了颁奖仪式，全程直播，这个奖颁给了所有完成了本次挑战的人，我们讲述了本次旅程的收获，每个人都感到极大的满足和鼓舞，对这次探险过程特别满意，并且期待下一次的冒险之旅。最后，我们踏上了归程。

故事三：120千米黄河漂流，一场乘风破浪的非凡旅程

每年暑假爸爸妈妈都会带我出去游玩，今年暑假，作为即将升入初中的我，在7月26日那天，开启了没有父母陪伴的旅行。这次旅行，我前往内蒙古包头市，踏上了黄河漂流之旅。

本次漂流之旅一共六天五晚，主要包括开营仪式、技能强化、读水技能学习、水域领航实践、横渡黄河、授勋仪式、装备入库、博物馆探访等多项活动。看到这些行程安排，你一定会有疑问，这些安排为什么和平常的旅行游玩不太一样呢？这是因为，我已经学习了两年的皮划艇，获得了美国海洋洲

协会的相关证书，所以我决定在这个暑假再次提升自己的皮划艇技能并磨炼自己的意志力。

第一天，我从北京前往内蒙古包头的水上训练基地。和北京相比，这里天气凉爽，让我对这次旅行更加充满信心和期待。此次行程，一共有15个和我年龄相仿的小朋友。虽然我们都来自北京，但是却并不认识，所以在开营仪式上，我们通过自我介绍的方式进行了互相了解。当别人进行自我介绍的时候，我绞尽脑汁去记他们的名字，可是并没有全部记下来。然而没想到的是，仅仅六天五晚的时间，这15个人都成了我的朋友。可想而知，这次旅行多么有趣且令人记忆深刻呀！

在六天五晚的时间里，令我印象最深的就是第二天和第三天的行程，我们正式开启了黄河漂流的生活。我们学习了读水技能，其中就包括了如何判断主流，这项技能很好地帮助了我们避免搁浅，是顺利漂流的必备技能。学会了这项技能，我们正式开始漂流。我们穿上"战衣"，拿好"战舰"，斗志昂扬地开启了55千米的漂流。刚开始，水流平缓，我们渐入佳境，在黄河上轻松地漂流前行。我不时地远眺，心想黄河并没有书中所说的那般惊险刺激呀！然而，不一会儿，黄河水流湍急，波涛汹涌，浪花极大，似千军万马般奔腾而来，仿佛在给我们下马威。但这番景象并没有让我感到害怕，反而激发了我的斗志，让我觉得十分有趣。我双手用力握着桨，奋力向河道中间靠拢，到达阻力较小的区域，以便快速滑行。此时，我已经顾不上看其他小伙伴了。因为一旦浪花拍到船的侧面，我就面临着翻船的危险。惊险刺激的前行很快告一段落，我们靠近岸边，准备吃路餐。上午的漂流仅完成了五分之一，因此，我边吃饭边思考自己在漂流中需要注意的地方：一是保持体力，便于下午长时间滑行；二是在救生衣的口袋里放一些零食，便于补充体力；

三是多与教练和小伙伴进行沟通交流，便于了解漂流时的情况和注意事项。很快，用餐结束，我们继续漂流。八个半小时的漂流实属不易，极其考验我们的耐力。在最后3千米处，因为我搁浅了，所以机动艇来进行救援。更糟糕的是，在拖拽的过程中，我因为没有保持好平衡，所以我的艇翻了。冰冷的河水令我身体即将失温。此时，摄影师夏提老师二话不说，不顾寒冷，把自己的外套披到了我的身上。那一刻，我的心里暖暖的，由衷地对夏提老师说了一句："谢谢您！"最终，我们所有人都安全到达了终点，完成了55千米的黄河漂流任务。之后的几天，我们继续进行漂流，还横渡了黄河。

时光飞逝，转眼就到了第五天，我们进行了令人难忘的授勋仪式。此次授勋仪式是在黄河上进行的。我们漂到目的地后，先把艇拖上岸，然后坐上机动艇回到黄河上，完成600米的横渡黄河，然后在水里老师为我们授勋。老师将奖牌挂到了我们的脖子上，戴上奖牌的那一刻，我的心情十分激动。我成功完成了120千米的黄河漂流之旅，成了山河勇士。

最后一天，我们开展了装备入库、博物馆探访的活动。在装备入库的过程中，我们与陪伴了自己五天的艇、桨和救生衣进行清洗和告别。

随后，我们探访了博物馆。一进门，我们看到了几十年前的水利工程设备，古老的设备充满了历史的沉淀，让我感叹现代社会科技的发展。不一会儿，一张水牛牛皮映入眼帘，十分壮观，也许几百年前，这些水牛也在黄河里洗过澡，吃过黄河边的草呢。再往里走，一个古铜色的大铃铛挂在了一棵树上。通过了解，我知道了这个铃铛是骆驼身上背着的，究竟是做什么用的，当时我并不知道。回到家，通过查阅资料，我了解到这个铃铛叫作"驼铃"，是西部地区特有的。因为气候干燥，沙漠和草地众多的缘故，西部最常用的脚力就是骆驼，有骆驼就会有骆驼商队，只要是成队的骆驼出现，肯定就会有驼铃声相伴,听着驼铃叮叮咚咚的响声,主人才知道最后一头骆驼还没有丢失,整个驼队也还安好,而那驼铃所发出的声响就成为一支驼队的标志。你看,多有意思呀!

博物馆探访之旅结束后,我们到了这次黄河漂流之旅的最后一站——"结营仪式"。仪式中,老师手里拿了蓝色、橙色、灰色三种颜色的笔,代表了经历、感受等含义。我选择了代表经历的颜色,因为这次旅行我经历了美丽的风景、感动的瞬间、惊险的场面、深厚的友谊,以及成长中的自己。在人生的长河中,这些经历可能是一件很小的事,不足为道,但是却教会了我不要轻言放弃,勇于挑战自己!

六天五晚的旅行结束了。这次乘风破浪的非凡之旅让我收获颇多。我强化了自身的皮划艇技能,磨炼了自己的意志力,让自己变得更加勇敢自信。同时,我收获了友谊,朋友的陪伴与相守,让我更加享受这次旅行带来的快乐。当然,我还收获了这段宝贵的经历。我想,以后每每回味到这次旅行,我都会记忆犹新,充满感动!

写给我最爱的小蔺——蔺天祺妈妈

亲爱的小蔺:

雨露老师请我写如何培养孩子的内驱力,我想在她眼里,你一定是个内驱力很强的小伙子,才会让我讲讲你的内驱力养成记。那我就说说我眼中的你,这个 13 岁的男孩。

我曾问过,你是如何理解内驱力的,你当时给我的答复是,"我告诉自己,应该干什么,然后我就去干什么了"。我当时觉得,是这么回事儿,自己有方向,有计划,也有行动力,就叫内驱力(见图16-1)。

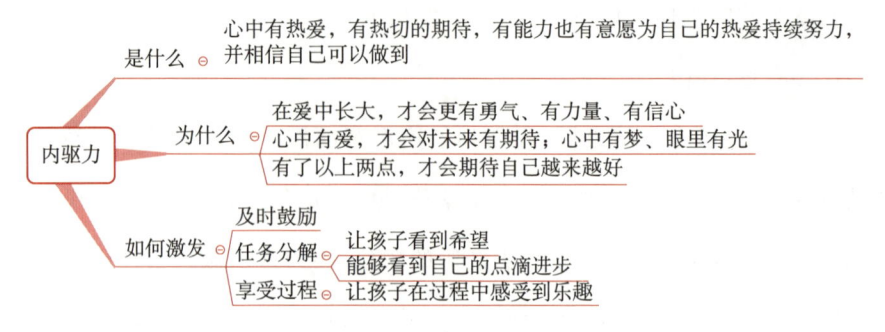

```
          ┌─ 是什么 ── 心中有热爱,有热切的期待,有能力也有意愿为自己的热爱持续努力,
          │           并相信自己可以做到
          │
          │           ┌ 在爱中长大,才会更有勇气、有力量、有信心
  内驱力 ─┼─ 为什么 ─┤ 心中有爱,才会对未来有期待;心中有梦、眼里有光
          │           └ 有了以上两点,才会期待自己越来越好
          │
          │           ┌ 及时鼓励 ── 让孩子看到希望
          └─ 如何激发 ┤ 任务分解 ── 能够看到自己的点滴进步
                      └ 享受过程 ── 让孩子在过程中感受到乐趣
```

图 16-1　内驱力解析

事实上,你自己也确实是这样做的。无论什么情况,你总是先去写作业,再开始娱乐活动。在其他活动中,你也能投入其中并坚持执行。学习冲浪时,为了提高技能,你能一天练上 9 小时;加入田径队后,无论遇到什么困难你都坚持训练,在一天天的坚持中强健了体魄、磨练了意志……

你的内驱力体现在很多方面,其中一方面是乐在其中、享受过程。

还记得那个暑假吗?你参加了皮划艇横渡琼州海峡的活动。在结营仪式上,很多同学都说此次大航海非常艰辛,遇到了前所未有的困难:一人多高的海浪从四面八方向自己涌来,形成乱涌,不断有人被掀翻在大海里;在海上长时间划行,因无法休息带来疲惫和恐惧;通过航道时巨轮形成的海浪裹挟着小艇,要拼尽全力才能正常划行……大家都说,这些困难无一不挑战着自己的极限,有的人曾一度到情绪崩溃。但我从没听你提起过。我也问过你,觉得难吗?你说,"不难,还好吧。"我问你,有没有想过放弃?你说,"想那么多干吗,坚持做就完事,来了不就是为了玩嘛,简简单单,笑着玩儿。"听了你的话,我很震惊,原来妈妈身边那个宝宝,已经在不知不觉中长大了。质朴的语言,透出的都是生活的智慧,你知道如何让自己沉浸其中,如何让自己享受过程。

你的这种内驱力,还体现在希望自己越来越好的期待中。

那个暑假,你还记得咱俩的一次对话吗?我对你说,你是个非常有进取心的小男孩,对自己的生活也超级有规划。52天的暑假,其中的20天,你给自己安排了几项活动:去神农架穿越原始森林、横渡琼州海峡和系统学习冲浪并通过国家体育总局的考核。在家的日子,你用15天,完成了假期作业;剩下的17天,你安排自己提前学习下一学期的新知识。当我问你,是选择在自己安排的"相对舒适圈"中学习,还是利用这个假期挑战一下自己,再多学一点英语时,你毫不犹豫地说:"我当然得挑战自己,学英语了!"你也确实是这样做的,不仅按照自己安排的超级充实的假期计划在执行,而且额外补习了英语。如你自己所说:"我喜欢有挑战性的生活,因为迎接挑战,可以让我遇到更好的自己。"

你的这种内驱力,在遇到困难时,显得格外可贵。

小学的时候,你学习非常吃力,但你从未想过放弃。比如,你经历了从13分钟口算到4分半口算的过程;你从觉得背诵《狼》是不可能的任务,到《出师表》《岳阳楼记》《桃花源记》轻松背诵;乏味的英语课文,你从朗读困难到朗朗上口。连骞老师都说,这个小孩儿很特别,"他能屡败屡战,这种精神非常可贵。"当时我就在想,这个小孩儿,真的太了不起了,你还那么小,就能承受住那么大的压力,在你以后的人生路上,将再也没有什么困难能难住你了。

上了初中,你好像一下子就长大了,制定了"五年大计";在学习方法上,你总结出了高手秘籍——"上课认真听,好好做作业,改错改明白,考前复习错题集……"因为这些切实可行的策略,才让你在七年级结束时数学进入班级前 10 名,八年级期中考试时全科排名进步了 126 名。

你从未放弃,生活也必有回报,就像你的座右铭说的一样"将来的你,一定会感谢今天顽强拼搏的自己,加油!"

你的这份拼搏与坚持,从何而来？我想,就是从你内心的那份热爱和期待自己变得越来越好的要求而来吧,而这份要求,这份期待,应该就是内驱力的原动力——希望自己越来越好,也相信自己有能力越来越好,并能够发现乐趣且持续地做下去。

前几天,我找到了你 8 岁时爸爸妈妈写给你的信,当时我们希望你"放下期待,你只要做自己就好"。现在回过头来看,忽然觉得,你现在既能乐在其中,又能不断挑战,不就是在快乐地做自己嘛!

永远无条件支持你的妈妈

2023 年 12 月 5 日

雨露观察

认识小蔺和小蔺妈妈至今已经 6 年了,我注意到在他们的日常生活中,这对母子组合一直在积极实践"终身成长"的理念。以下两个亲子故事供读者参考,相信阅读之后您会有自己的感悟。

亲子故事一：OK 镜断的思考

11 岁的小蔺在洗 OK 镜(也叫角膜塑形镜,戴在眼球的正中间,目的是纠正视力)的时候看着电视,还时不常地和妈妈说着话。虽然小蔺在擦拭眼镜前还特意在 OK 镜的下方铺了一条毛巾，但意外还是发生了，由于他用劲大了，OK 镜瞬间裂成了两半。隐约觉得有些不对的妈妈抬眼看到了两半的 OK 镜非常心疼，毕竟花几千元买的。妈妈当时一万句埋怨的话已经准备随时滑出了，然而，她脑中突然闪过一个新的想法："我要做一个和以前不一样的妈妈。""可是怎么才能不一样呢？"这个问题难住了小蔺妈妈。

正当她绞尽脑汁、苦思冥想的时候，一旁的小蔺说话了，他忙不迭地解释说："这镜片太难洗了，怎么说裂就裂啊，一点儿都不结实……"妈妈没等小蔺说完，就告诉孩子自己的反思："眼镜裂了，我们也有责任。明明知道看电视可能会让你洗眼镜的时候分心，可我们还是看了。下次你洗眼镜的时候我们就关了电视。"一脸惊愕的小蔺慢慢缓过神来，坚定地说："妈妈，其实我也有办法解决。您等等。"随后，小蔺神速转身进了自己的房间。仅仅过了几分钟，他就拿出一张纸交给妈妈，题目就是"OK 镜断的思考"，洋洋洒洒写了 11 点，一气呵成。由于篇幅关系，我只和大家分享以下最实用、可操作的 3 条！

（1）以后要按医生教的洗。

（2）以后如果买了什么东西，要先看说明书。

（3）做事时不想别的东西，快点儿做；和事情无关的先不管。

显然，小蔺和妈妈分别从各自的角度进行了反思，用实际行动完美地诠释了那句话："改变能改变的，接受不能改变的，如果你有足够的智慧，你能分辨哪个是能改变的，哪个是不能改变的。"

亲子故事二："百口背"的晋级之路

今天回家，11 岁的小蔺说作业都写完了。妈妈看到昨天和今天的"百口背"都没有写,然而小蔺说都写完了,同时,他还拿出了几张之前已经完成但没有标注日期的"百口背"。小蔺边拿还边说这就是今晚完成的。妈妈听了很不高兴,因为她觉得没做就是没做,而且自己也从来没有因为孩子没做作业就大发雷霆。所以,这孩子怎么会这样做呢?因此,妈妈开始严厉地批评小蔺,愤怒的话像机关枪一样一句跟着一句,没有重复也没有停顿。突然,小蔺妈妈停了下来,因为她发现小蔺的情绪不太对,眼眶微微有些湿润。于是,妈妈先忍住自己的愤怒,转而尽量用和缓的语调和小蔺沟通。

妈妈:"是不是有点伤心?"

小蔺:"是的。"

妈妈:"是不是很委屈?"

小蔺:"是的。"

妈妈:"那妈妈抱抱小蔺吧?"

小蔺过来抱住了妈妈,伤心地哭了。

妈妈:"我觉得好委屈呀!"

小蔺:"嗯嗯"

妈妈:"我都坚持不了了?"

小蔺:"不是。"

妈妈:"那是什么?能告诉妈妈吗?"

小蔺:"我觉得练了那么多,都没有意义,每天还是会错很多!"

妈妈:"哦,很有挫败感。"

小蔺:"嗯。"

妈妈:"可是每次考试前,你的各项复习都很有成效呀!"

小蔺:"对的,但我不想期中考试就像期末考试一样学习压力那么大。"

妈妈:"哦,那怎么办呢?"

小蔺:"以后每次练习口算都要计时,都要判,这样我对自己的情况就有了更好的了解。而且要用软件判,可能我因为写得比较潦草,机器判不出来,所以我也得注意。"

妈妈:"哦,数学要计时,然后还得判,那还有吗?"

小蔺:"我发现我背了英语单词之后就忘了,所以在老师听写的时候又错了。以后这样,老师准备讲第5课,我就主攻第5课,今天背10个单词,明天背剩下的,后天再返回复习前两天的单词,这样循环背,直到老师听写通过为止。除了背单词,还要背句子,每天要背3个句子,也循环背。"

妈妈:"嗯,这是个好办法,还有吗?"

小蔺:"语文吧,每天写完百词后都得判,还要按照学习课程提前写。学习本来就挺苦的,更要坚持下去。以前我觉得稍微一学就行了,现在我发现不是这样的。期末考试不能只凭后期那一段时间复习,前期也要认真复习,要及时改错。否则,拖的时间越长,越不想改错,这样就形成恶性循环。现在我意识到了也不晚,我会坚持的。"

妈妈:"小蔺呀,妈妈真为你感到高兴,你正在成长为一个对自己有要求、有标准,又可以自己想办法解决问题的少年。"

显然这是一个有惊无险、结局皆大欢喜的亲子沟通故事,我认为小蔺妈妈做对了3点。

(1) 家长的情绪管理。在面对孩子的行为和自己的期待有出入时,家长通常的第一反应会是:为什么你没有按照我说的做或者说为什么没有按照咱们约定好的做?于是,失望、难过、愤怒等负面情绪占了上风,面部表情即刻晴转阴,说出的话也自然像刀子一样伤人。在本案例中,最难能可贵的是小蔺妈妈并没有一味放任自己的负面情绪,而是注意小蔺的反应。她在看到孩子微微泛湿的眼眶时,理智也重新回归,"我是自学过心理学的妈妈,我是不一样的妈妈。"后来的良好结局其实也就在情理之中了。

(2)先人后才。小蔺妈妈选择了先人后才。"百口背"固然重要而且也必要,但是,现在孩子的情绪和感受不好了,得先关注这个人。妈妈按下愤怒的暂停键,转而尽量用和缓的语调询问孩子、了解孩子当下的感受。

(3)先情后事。咱们不可能让孩子一直享受放松和快乐,毕竟作为学生,小蔺还有学习的责任,未来还有工作和家庭两大责任。换言之,攻克"百口背"是孩子必须面对和解决的问题。即使时间紧迫,但是,小蔺妈妈还是先处理孩子的情绪。开始妈妈说:"你觉得很伤心",后面还用第一人称"我很委屈"来帮助孩子纾解自己的情绪。当孩子觉得有人懂自己、接纳自己情绪的时候,他随即也积极想办法解决自己的这些问题。学习是孩子的问题,家长可以想办法给孩子情感上的各种陪伴、支持和肯定等,让孩子在学习的过程中多些愉悦的感受,以便他能够越战越勇,实现终身成长。

最后,特别需要注意的就是每个人真正做到知行合一很难,尤其是孩子。例如小蔺自己说要背单词,但做到可能很难,10 天中的任务可能只能完成 2 次。就是这 2 次,也要给予无限放大的肯定。充分的肯定,慢慢地,10 天的任务可能能完成 3 次,或者 4 次,甚至更多。

附录 A 性格测试

· 性格分析问卷及问卷中词汇的定义 ·

以下的性格分析问卷中,每行列出四个词语,形容不同的性格特点,在最符合自己性格的词语前面打"√"(可以选择多个词语)。一共有 40 道题,请逐一完成。[①]

· 性格分析问卷 ·

1. 优点

(1)喜欢冒险	适应力强	生动活泼	善于分析
(2)坚持不懈	顽皮幽默	能言善辩	心态平和
(3)谦恭顺从	自我牺牲	善于交往	意志坚定
(4)体贴周到	自我克制	好胜心强	令人信服
(5)令人振奋	彬彬有礼	内敛含蓄	足智多谋
(6)容易满足	感受力强	自立自强	神采奕奕
(7)善做计划	耐心十足	积极主动	号召力强
(8)坚定自信	率性而为	计划性强	腼腆羞涩
(9)井井有条	随和变通	直言不讳	乐观主义
(10)温和友善	忠实可靠	幽默滑稽	坚定有力
(11)勇敢无惧	活泼可爱	周全老练	注重细节

---

① 弗洛伦斯·妮蒂雅. 父母必知的性格解析[M]. 高艳东,译. 北京:科学出版社,2011.

续表

(12)开朗快乐	始终如一	才情过人	满怀自信
(13)理想主义	独立自主	言辞委婉	善激励人
(14)情感外露	坚决果断	擅冷幽默	深沉内敛
(15)善于斡旋	热爱音乐	积极行动	善结朋友
(16)考虑周到	坚韧不拔	幽默健谈	宽容大度
(17)善于倾听	忠诚可信	天生领袖	朝气蓬勃
(18)知足常乐	领导力强	喜爱规划	讨人喜欢
(19)完美主义	随和可亲	孜孜不倦	受人欢迎
(20)精神饱满	大胆无畏	举止得体	平稳和谐

2. 缺点

(21)面无表情	忸怩害羞	华而不实	指手画脚
(22)散散漫漫	无同情心	缺乏热情	严苛无情
(23)明哲保身	愤懑不满	固执己见	唠唠叨叨
(24)小题大做	担惊受怕	疏忽善忘	口无遮拦
(25)缺乏耐性	无安全感	迟疑不决	喜欢插嘴
(26)不受欢迎	漠不关心	捉摸不定	不善表达
(27)刚愎自用	任意而为	难以取悦	犹豫不定
(28)中庸至上	悲观主义	骄傲自负	宠溺放任
(29)喜怒无常	漫无目的	喜爱争论	难以合群
(30)幼稚天真	消极被动	胆大妄为	事不关己
(31)忧心忡忡	沉默孤僻	工作狂人	喜爱邀功
(32)过于敏感	生硬笨拙	胆小怯懦	喋喋不休
(33)疑虑重重	缺乏条理	专横跋扈	消沉低落
(34)反复无常	内向寡言	不容异己	满不在乎
(35)杂乱无章	易情绪化	含糊不清	善于操控
(36)动作迟缓	顽固不化	爱出风头	敏感多疑
(37)离群索居	专横霸道	懒惰不动	喧哗吵闹
(38)拖拖拉拉	疑神疑鬼	暴躁易怒	浮躁不专
(39)报复心强	多变好动	不情不愿	轻率鲁莽
(40)迁就妥协	吹毛求疵	精明狡猾	变化无常

请完成以上问卷后,把答案誊写到下面的分数统计表中。每一竖行中打"√"的个数就是你的得分,再把优点和缺点的得分相加,就是你的最终分数。

·性格分数统计表·

1. 优点

活泼型 多血质	力量型 胆汁质	完美型 抑郁质	平和型 黏液质
(1)生动活泼	喜欢冒险	善于分析	适应力强
(2)顽皮幽默	能言善辩	坚持不懈	心态平和
(3)善于交往	意志坚定	自我牺牲	谦恭顺从
(4)令人信服	好胜心强	体贴周到	自我克制
(5)令人振奋	足智多谋	彬彬有礼	内敛含蓄
(6)神采奕奕	自立自强	感受力强	容易满足
(7)积极主动	号召力强	善做计划	耐心十足
(8)率性而为	坚定自信	计划性强	腼腆羞涩
(9)乐观主义	直言不讳	井井有条	随和变通
(10)幽默滑稽	坚定有力	忠实可靠	温和友善
(11)活泼可爱	勇敢无惧	注重细节	周全老练
(12)开朗快乐	满怀自信	才情过人	始终如一
(13)善激励人	独立自主	理想主义	言辞委婉
(14)情感外露	坚决果断	深沉内敛	擅冷幽默
(15)善结朋友	积极行动	热爱音乐	善于斡旋
(16)幽默健谈	坚韧不拔	考虑周到	宽容大度
(17)朝气蓬勃	天生领袖	忠诚可信	善于倾听
(18)讨人喜欢	领导力强	喜爱规划	知足常乐
(19)受人欢迎	孜孜不倦	完美主义	随和可亲
(20)精神饱满	大胆无畏	举止得体	平稳和谐

优点总分:

2. 缺点

(21)华而不实	指手画脚	忸怩害羞	面无表情
(22)散散漫漫	无同情心	严苛无情	缺乏热情
(23)唠唠叨叨	固执己见	愤懑不满	明哲保身
(24)疏忽善忘	口无遮拦	小题大做	担惊受怕
(25)喜欢插嘴	缺乏耐性	无安全感	迟疑不决
(26)捉摸不定	不善表达	不受欢迎	漠不关心
(27)任意而为	刚愎自用	难以取悦	犹豫不定
(28)宠溺放任	骄傲自负	悲观主义	中庸至上
(29)喜怒无常	喜爱争论	难以合群	漫无目的
(30)幼稚天真	胆大妄为	消极被动	事不关己
(31)喜爱邀功	工作狂人	沉默孤僻	忧心忡忡
(32)喋喋不休	生硬笨拙	过于敏感	胆小怯懦
(33)缺乏条理	专横跋扈	消沉低落	疑虑重重
(34)反复无常	不容异己	内向寡言	满不在乎
(35)杂乱无章	善于操控	易情绪化	含糊不清
(36)爱出风头	顽固不化	敏感多疑	动作迟缓
(37)喧哗吵闹	专横霸道	离群索居	懒惰不动
(38)浮躁不专	暴躁易怒	疑神疑鬼	拖拖拉拉
(39)多变好动	轻率鲁莽	报复心强	不情不愿
(40)变化无常	精明狡猾	吹毛求疵	迁就妥协

缺点总分：

总分：

现在你应该已经可以看出自己最主要的性格类型了，也可以看出自己是什么样的性格类型组合。如果你的优缺点得分相加后是35分，那么几乎可以肯定你就是力量型的胆汁质性格。如果你的力量型的胆汁质类型得分是16分，完美型抑郁质得分是14分，其他两种类型得分各是5分，那么你是一个力量型的胆汁质性格，同时又有很强的完美型抑郁质倾向。

·性格测试词汇定义·

1. 优点

（1）喜欢冒险：愿意面对新事物并敢于下决心争取。

适应力强：轻松自如地适应任何环境。

生动活泼：充满活力,表情生动,手势多。

善于分析：喜欢研究各部分之间的逻辑及其他关系。

（2）坚持不懈：把一件事情贯彻始终,然后再开始另一件事情。

顽皮幽默：开心,充满乐趣与幽默感。

能言善辩：用逻辑与事实而不是其他手段使人信服。

心态平和：在任何冲突中,不受干扰,保持平静。

（3）谦恭顺从：易接受他人的观点或喜好,不固执己见。

自我牺牲：为他人的利益愿意放弃个人意见。

善于交往：认为与人相处很好玩,可以展现自己的魅力,不将其视为挑战,也不试图从中寻求商业机会。

意志坚定：决心依自己的方式做事。

（4）体贴周到：关心别人的感觉与需求。

自我克制：控制自己的情感,极少流露。

好胜心强：把一切当成竞赛,以胜利为目的。

令人信服：因个人魅力或性格使人认同。

（5）令人振奋：给他人清新振奋的刺激。

彬彬有礼：对人顺从、尊重、充满敬意。

内敛含蓄：克制情绪，很少表现热情。

足智多谋：对任何情况都能做出快速、有效的反应。

(6) 容易满足：容易接受任何环境和情况。

感受力强：对周围的人和事非常关注。

自立自强：独立性强，依靠自己的能力、判断与才智。

神采奕奕：充满生命力与热情。

(7) 善做计划：在开始某项任务前做详尽的计划，更享受制订计划及任务完成的阶段，而不喜欢执行任务的过程。

耐心十足：不因厌恶而懊恼，冷静且能容忍。

积极主动：相信自己有转危为安的能力。

号召力强：通过个人魅力鼓励升值强迫别人参与合作或者投资。

(8) 坚定自信：自信，极少犹豫或动摇。

率性而为：不喜预先计划或者受计划束缚。

计划性强：生活与处事均依照时间表，不喜欢计划被人干扰。

腼腆羞涩：安静、不善于主动开启谈话。

(9) 井井有条：条理清晰地安排事情。

随和变通：与人方便，可以迅速按他人的方式完成任务。

直言不讳：毫无保留，坦率发言。

乐观主义：愉快的性情令自己和他人相信任何事都会好转。

(10) 温和友善：对别人的问题会及时回应，但很少主动开启谈话。

忠实可靠：一贯可靠，忠心不移，有时甚至毫无理由地奉献。

滑稽幽默：风趣，有很强的幽默感，能把任何事情讲得夸张搞笑。

坚定有力：一般处于指挥地位，会使别人不敢提出自己的意见。

（11）勇敢无惧：敢于冒险，勇敢，无所畏惧。

活泼可爱：开心，与他人相处充满乐趣。

周全老练：与人相处机智、耐心，并容易感受他人的需要。

注重细节：对事情记忆清晰，做事有条不紊。

（12）开朗快乐：一直充满活力，自己的快乐情绪也会感染他人。

始终如一：情绪平稳，很少会有让人出乎意料的情绪反应。

才情过人：追求知识，尤其喜好艺术，如戏剧、交响乐、芭蕾舞等。

满怀自信：相信个人能力，确信自己能成功。

（13）理想主义：以自己完美的标准来设想衡量事情。

独立自主：自给自足，自己生活，自信，无须他人帮忙。

言辞委婉：从不说任何会引起别人不满和反感的话。

善激励人：鼓励别人参与、加入，并能将每件事变得有趣。

（14）情感外露：从不掩饰自己的情感、喜好，与人交谈时常不由自主地接触他人；

坚决果断：有很快做出判断与给出结论的能力；

擅冷幽默：喜欢打趣或说俏皮话，但常常语含讥讽；

深沉内敛：深刻并常常内省，对肤浅的交谈与消遣很厌恶。

（15）善于斡旋：经常居中调解不同的意见，以避免双方发生冲突。

热爱音乐：喜欢参与音乐表演并有较深的鉴赏力；因音乐的艺术性，而不单是为表演的乐趣。

积极行动：闲不住，行动高效，是别人跟随的领导者。

善结朋友：喜好周旋于宴会中，喜欢结交新朋友，不把任何人当作陌生人。

(16) 考虑周到:善解人意,能记住特别的日子,不吝于帮助别人。

坚韧不拔:不达到目的誓不罢休。

幽默健谈:不断地说话、讲笑话来娱乐周围的人,觉得应避免沉默以免他人尴尬。

宽容大度:易接受别人的想法或方式,不愿反对或改变他人。

(17) 善于倾听:愿意听别人倾诉。

忠诚可信:对自己的理想、朋友、工作都绝对忠实,有时甚至无须任何理由。

天生领袖:天生的领导,不相信别人的工作能力比得上自己。

朝气蓬勃:充满生机、精力充沛。

(18) 知足常乐:满足自己拥有的,甚少羡慕别人。

领导力强:要求领导地位及别人跟随。

喜爱规划:用图表、数字来组织生活,解决问题。

讨人喜欢:人群中的焦点,可爱、迷人。

(19) 完美主义:对别人、对自己要求都很高,一切事情井然有序。

随和可亲:容易相处,一说话就让人容易接近。

孜孜不倦:不停地工作,完成任务,不愿休息。

受人欢迎:聚会的焦点人物,受欢迎的宾客。

(20) 精神饱满:充满活力和生机的性格。

大胆无畏:大胆前进,不怕冒险。

举止得体:言谈举止,待人接物都以自己认为恰当的方式进行。

平稳和谐:稳定,走温和路线,既不激进,也不迟缓。

2. 缺点

(21) 面无表情：脸上极少流露表情或情绪。

忸怩害羞：过于自我关注而在意他人的看法，在别人的注意力下会畏缩。

华而不实：好表现，花哨，聒噪。

指手画脚：喜命令、支配，有时略傲慢。

(22) 散散漫漫：生活随性无秩序。

无同情心：不易理解别人的问题与麻烦。

缺乏热情：不易兴奋，觉得反正不会成功。

严苛无情：不易宽恕或忘记别人对自己的伤害或不公正的待遇，易记恨。

(23) 明哲保身：不愿意参与，尤其当事情复杂时。

愤懑不满：把自己想象的或实际发生的别人的冒犯放在心中。

固执己见：抗拒、犹豫或拒不接受别人的意见。

唠唠叨叨：重复讲同一件事或故事，忘记自己已经重复多次，需要不断找话题聊。

(24) 小题大做：关注琐碎的小事，对不重要的细节也要求别人用心关注。

担惊受怕：经常感到强烈的担心、焦虑、悲戚。

疏忽善忘：由于缺乏自我约束，导致健忘，觉得没意思便懒得记住。

口无遮拦：直言不讳，不介意把自己的看法直接表露出来。

(25) 缺乏耐性：有时忍不住生气，不愿等待别人。

无安全感：感到担心且无自信心。

迟疑不决：很难下定决心。

喜欢插嘴：是一个滔滔不绝的发言者，不是好听众。

(26) 不受欢迎：由于要求完美，而使他人敬而远之。

漠不关心：不愿倾听，也不愿意参加任何团体活动，对别人的生活不感兴趣。

捉摸不定：时而兴奋、时而低落，或者总是不能兑现其诺言。

不善表达：很难用语言或动作当众表达感情。

(27) 刚愎自用：坚持依自己的意见行事。

任意而为：做事从无一贯性。

难以取悦：要求太高而难以满足。

犹豫不定：迟迟才有行动，难以进入状态。

(28) 中庸至上：走中间路线，很少表露感情。

悲观主义：尽管期待最好的事情，但往往首先看到事情的不利之处。

骄傲自负：自我评价高，认为自己是最好的人选。

宠溺放任：允许别人（包括孩子）做他喜欢的事，目的是避免冲突，不被人讨厌。

(29) 喜怒无常：像孩子一样善变，易激动，过后马上又忘了。

漫无目的：不喜定目标，也无意定目标。

喜爱争论：爱与人争论，任何事情都觉得自己是对的。

难以合群：容易觉得被人孤立，经常无安全感或担心别人不喜欢与自己相处。

(30) 幼稚天真：孩子般单纯，不能成熟、深刻地理解生命。

消极被动：往往只看到事物的消极面、黑暗面，而少有积极的态度。

胆大妄为：充满自信与胆识，但总用在不恰当的地方。

事不关己：随意，漠然。

(31) 忧心忡忡：时时感到不确定、焦虑、心烦。

沉默孤僻：需要大量时间独处。

工作狂人：为了获得成就感或回报而不是为了完美，制定宏伟目标，不断工作，耻于休息。

喜爱邀功：需要他人对自己认同、赞赏，就如同演员需要观众的掌声、笑声一样。

(32) 过于敏感：对事情过分反应，被人误解是感到被冒犯。

生硬笨拙：经常用别人不开心或考虑不周的方式表达自己。

胆小怯懦：遇到困难就退缩。

喋喋不休：难以自控，滔滔不绝，不能倾听别人讲话。

(33) 疑虑重重：事事不确定，又对所做之事缺乏信心。

缺乏条理：缺乏安排生活的能力。

专横跋扈：总是忍不住想掌控局势或他人，爱指挥他人。

消沉低落：常情绪低落。

(34) 反复无常：自相矛盾，情绪与行动不合逻辑。

内向寡言：思想与兴趣放在心里，活在自己的世界里，不愿与他人交谈。

不容异己：不能接受他人的态度、观点和做事的方式。

满不在乎：对多数事情均漠不关心。

(35) 杂乱无章：生活环境无秩序，经常找不到东西。

易情绪化：情绪不易高涨，当感到不被欣赏时很容易情绪低落。

含糊不清：低声说话，不在乎说不清楚。

善于操控：精明处事，操纵事情，使自己得利。

（36）动作迟缓：行动和思想均比较缓慢，麻烦事较多。

顽固不化：决心依自己的意愿行事，不易被说服。

爱出风头：需要被注视，需要成为众人关注的焦点。

敏感多疑：不易相信别人，对所有语言背后真正的动机存有疑问。

（37）离群索居：需要大量时间独处，避开人群。

专横霸道：需要马上让别人知道自己才是正确的，自己说了算。

懒惰不勤：做每一件事前先估量要耗费多少精力。

喧哗吵闹：说话声与笑声总是盖过他人。

（38）拖拖拉拉：凡事起步慢，需要外在推动力。

疑神疑鬼：凡事怀疑，不相信别人。

暴躁易怒：当别人行动不够快、不能完成指定的工作时，易感到不耐烦或发怒。

浮躁不专：不专心，不能集中注意力。

（39）报复心强：记恨并惩罚冒犯自己的人。

多变好动：总喜欢做新的事情，觉得老做同样的事情没意思。

不情不愿：不愿参与或投入，甚至为之内心挣扎。

轻率鲁莽：没耐性，不经思考，草率行动。

（40）迁就妥协：为避免矛盾，即使自己是对的也不惜放弃自己的立场。

吹毛求疵：不断地判断及评价，常想到负面情况，并给出负面评价。

精明狡猾：精明，总是有办法达到目的。

变化无常：像孩子般注意力短暂，需要各种变化；怕无聊。

附录 B 假期计划

· 孩子喜欢执行什么样的假期计划 ·

我先和各位分享一个真实的故事,也许你也碰到过类似的状况。

2018年某个夏天的晚上6时,在豆豆妈妈好习惯训练营下课之后,陆续有家长来接孩子。教室里只剩下朵朵一个人了,家长还没来接她。半小时以前,朵朵妈妈打电话告诉我,她刚开完会,正在路上,希望我帮忙让朵朵准备好下课的东西。门铃响了,满头大汗的妈妈出现在门口,一旁的朵朵却还在玩玩具。妈妈一把拽起蹲在地上的朵朵,边拽边着急地说:"快迟到了,赶紧去上英语课。"

"我还没玩够呢!"朵朵噘着小嘴说,显然,她不愿意起来。

"咱们先上英语课,回家以后再玩。"妈妈抹了一把脸上的汗,忙不迭地给朵朵许诺。

"回家?回家后你肯定又催我'刷牙洗脸',让我'早点睡觉了'。"朵朵根本不为所动,仍然皱着眉头,蹲在地上继续说。

"那咱们周末玩吧。"妈妈有些尴尬,深吸了一口气接着说。

"周末?周末你跟爸爸肯定又让我赶作业。"朵朵抬眼看了一下妈妈,不满地说。

妈妈拿出手机看了一眼时间,耐心估计也被耗没了,使劲扯了朵朵一把,没好气地大声说:"赶紧的!"朵朵听出语气不对,扭着小身子极不情愿地被妈妈拖走了。

等母女俩走了之后,我拿出朵朵妈妈当时填写的家长困惑,上面写着:孩子磨蹭拖拉,没有时间观念,自控力差。

第二天课间,我特意找来朵朵,继续头一天的话题说:"朵朵,你的假期好像也排得挺满的,连玩的时间都没有,对吗?"

"对呀,我妈给我排得太满了,放假比上学还累。英语下课也太晚了,得晚上9时,我都在课上睡着了。"朵朵马上大声抱怨。

"哎呀,那你还真没时间玩了?"听了这个7岁小姑娘的话,我有些心疼地问她。结果我话音未落,朵朵突然神秘一笑,说:"我有办法,但是,你不能告诉我妈妈。我每天躺在被窝儿里看平板。"

"啊?那妈妈肯定会发现呀。"我有些吃惊地问。

"不会,我每天早晨先把平板藏在被子里。我上床之后,我妈和我爸就各抱一个笔记本在他们的卧室里忙工作,每天都是这样。他们以为我睡了。其实我都躲在被窝里看平板。"朵朵继续得意地看着我说。

由于非常担心孩子的视力,我很快就找到朵朵的爸爸妈妈,沟通了孩子的情况。朵朵的爸爸妈妈非常惊讶孩子居然想到了应对之策,但他们也非常无奈地告诉我,把孩子的假期计划安排得这么满也是没有办法,因为每个孩子都在这样学习。

从以上这个案例中,家长可以清楚地看到,朵朵不是没有假期计划——不仅有,而且还排得很满。但问题的关键是这份假期计划的制订忽略了人的因素,就是执行主体——朵朵,忽略了她的期待和需求!因此,一个完整的假期计划至少需要包括以下三个关键因素。

（1）确定目标，评估任务量。

（2）确定时间节点和分期目标。

（3）实施计划并定期校正。

爸爸妈妈没有给朵朵留出她真正想做的事情——玩的时间，朵朵自然也就没有动力完成爸爸妈妈想让她完成的事情——学习。如何平衡家长和孩子的想法呢？具体分三步：第一步，家长调整养育方式；第二步，家长学习相关理念；第三步，家长和孩子共同制订假期计划。

第一步：家长调整养育方式

为什么先要调整家长的养育方式呢？因为家长培养孩子的终极目标是让孩子能够自我管理。自我管理包括了五大管理内容：一是目标管理；二是时间管理；三是情绪管理；四是成绩管理；五是交友管理。儿童时间管理对于孩子的主动性和自控力要求是很高的，也就是说不需要家长盯着，孩子也能主动自觉地完成计划中的任务。

我曾在芳草地小学民族校区讲座前和校长聊家庭教育，当时的马校长颇有感触地说："家长的态度决定了孩子成长的速度。"我非常赞同这句话。在与众多家庭的互动中，我发现，凡是磨蹭、注意力不集中的孩子，通常家长的态度都是"狼追型"的养育方式。家长用讲道理、盯着、催促、批评、唠叨的方式让孩子完成任务。这个任务主要是学习任务，孩子玩的时候都非常积极主动，不用催。这种养育方式导致孩子的主动性和自控力都在"狼追"的过程中被破坏了。家长可以想象一下：用狼追的方式督促孩子，却想要孩子有自控力，这根本就是个悖论，不可能实现。家长和孩子当然也就很容易进入一个恶性循环：孩子不自觉，家长狼追；家长越狼追，孩子越不自觉。

因此，"狼追型"的养育方式显然不适用于儿童时间管理，因为其无法达到让孩子自我管理的终极目标。因此，家长需要将"狼追型"的养育方式调整为"驱力型"的养育方式。所谓驱力型养育方式，顾名思义就是家长想办法调动孩子的内驱力，让孩子愿意积极主动地管理时间，高效率地完成任务。孩子做事需要驱动力，而驱动力分为三个层次：第一层是生物性冲动或者换成比较通俗的话来说就是三分钟热度；第二层是外驱力，即孩子为了某种他想要的"物质刺激"去完成任务，这就已经高于第一层，因为时间已经从3分钟开始增加了；第三层就是家长都想要的内驱力，即不为什么物质刺激，孩子自觉主动地就想完成任务，因为他在完成任务的过程中，已经获得了巨大的成就感。

如果某项任务是孩子想做的事情而且他又乐在其中，那么他完成任务的效率自然也会非常高。就像我的一位学生做数学题时，家长的原话是："他自己主动去找老师，请老师给他几张卷子，想周末做。孩子从放学回来就坐在那儿做题，做题时冥思苦想，口中念念有词，还不停地写写算算，偶尔恍然大悟还一跃而起。什么注意力缺失、多动症，此时统统消失不见。"这就是内驱力发挥作用以后的结果。

当养育方式调整之后，家长会发现自己最大的改变就是自我情绪管理能力。家长的情绪管理能力直接影响的就是孩子的绩效。"狼追型"的家长容易埋怨、指责孩子，口头禅就是"我没想生气，都是你惹我的"或者"我都跟你说过多少遍了"。如果你都跟孩子说过多少遍了，孩子还是不改，那就意味着你肯定需要换方法了。否则，这样头上冒火、口不择言的后果就是孩子启动自动防御机制，他们觉得自己被冤枉了，于是直接对抗或者用磨蹭来消极对抗。然而，"驱力型"家长的关注重点是自我改变，看看自己再做点儿什么来达到教育目标，让孩子更愿意完成任务。

第二步：家长学习相关理念

我经常和家长说，也许我们无法在短期内成为儿童心理学专家，然而，针对儿童时间管理，家长确实需要先掌握三个理念。

（1）自我的形成。孩子的自我形成也就是孩子对自己的认知，即我是一个什么样的人，这个过程分三个阶段。第一阶段是生理我（0~4岁），即我是男孩、女孩等。第二阶段是社会我，在这个阶段，孩子对于自己的认识都来自他人的看法，有两个重要他人——老师和家长。通俗来说就是要给孩子贴什么样的标签。如果总说"你怎么那么磨蹭啊""你怎么那么粗心啊"之类的话，孩子就会认为自己就是一个磨蹭的孩子、粗心的孩子。因此，在这个阶段，给孩子贴的这个标签非常重要，因为孩子对自我的认识决定了他的自我定位，他的自我定位又决定了他的行为。好的自我定位有好行为，好行为不断重复，就逐渐形成了家长们都期待的好习惯。不好的自我定位当然也会有不好的行为，时间久了就成了坏习惯。这就是为什么有的时候家长感觉自己跟孩子说过很多遍了，可孩子就是不改的重要原因。第三阶段是心理我（12岁及以上），到青春期之后，孩子对自己的认识基本上就内循环了，所以，到那个时候，家长对孩子的影响就相对有限了。

（2）耶克斯-多德森定律。美国心理学家耶克斯和多德森研究证实，动机强度与学习效率之间呈倒"U"形的线性关系。具体来说就是中等程度的动机激起水平最有利于学习效果的提高。同时,他们还发现,最佳动机激起水平与任务难度密切相关;任务较容易,最佳激起水平较高;任务难度中等,最佳动机激起水平也适中;任务越困难,最佳动机激起水平就越低。如图 B-1 所示。

耶克斯-多德森曲线

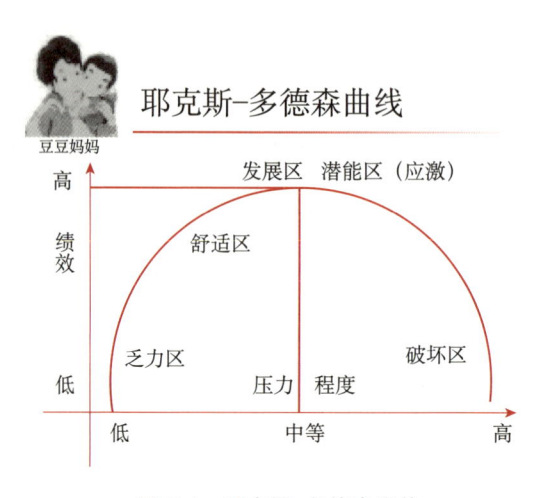

(高绩效 / 低 — 发展区、潜能区(应激)、舒适区、乏力区、破坏区 — 压力程度:低、中等、高)

图 B-1 耶克斯-多德森定律

我的学生邓辰然非常有创意,她用很通俗的话解释了图 B-1 中的五个区域。她说,乏力区就是趴在那里不动,这个很好理解,人无压力轻飘飘;舒适区就是走一走能够达到的目标;发展区就是跳一跳才能达到的目标;潜能区是飞一飞能够达到的目标。邓辰然同学非常幽默,她跟我强调:"老师,飞一飞我就废了,就走到破坏区了。"最重要的是她根据这个定律做出了适合自己的正确决定,也通过努力实现了自己的梦想。为什么?因为之前邓辰然同学想考清华附中,但如果按照她平时的成绩,这个目标不可能达到。

邓辰然当时告诉我:"老师,你看,如果我走一走呢,能上中关村中学的高中本部,如果我飞一飞呢,我就考清华附中,当然,可能飞着飞着我就不飞了,因为确实太难了,就放弃了。所以,我还是决定跳一跳。我画画好,可以努力考清华附中的美术特长班。"之后，根据她的目标，我俩一起做了一个从八年级上学期"跳到"清华附中美术特长班的关键路径图。邓辰然经过不断努力，并根据实际情况校正自己的目标，最终创造了一个奇迹：如愿以偿地考上了清华附中美术特长班。

我花了这么多时间讲耶克斯-多德森定律，是因为很多孩子的假期计划失败了。失败的原因是目标定得不够合理，导致孩子不愿意执行，或者孩子做着做着发现太难了，就消极怠工，进而形成失败效应，孩子觉得自己怎么努力都达不到目标，那就算了吧。

（3）试误说。美国著名的心理学家桑代克的饿猫实验告诉我们学习的规律是尝试错误，错误递减。孩子在执行假期计划时，难免会犯错。如果犯错时得到的是鼓励肯定——孩子就愿意继续尝试，从而进入下一个环节——形成习惯；如果得到的是批评指责——孩子可能会因逃避尝试而终止成长——无法形成习惯。

家长在孩子的成长过程中如何实践"试误说"呢？举例来说，假设孩子今天的作业错了 5 道题，下周错了 4 道题；今天犯规 3 次，下周犯规 2 次；这周忘记作业 3 次，下周忘记 2 次；这就是孩子的进步。总之，家长需要看到孩子在尝试错误的过程中付出的各种努力以及错误递减的项目，并且真诚地告诉孩子，让孩子看到自己的进步，从而正面强化孩子对自己的自我定位。这样，孩子就有了信心和动力继续迎接下一个挑战。

第三步：家长和孩子共同制订假期计划

（1）请家长和孩子先回顾一下上个假期中家长对孩子最满意的一件事，

孩子自己最开心的一件事。这样在开始讨论假期计划之前家长和孩子都能有一个好心情，而且家长和孩子需要一起制订假期计划，因为计划的执行主体是孩子。如果孩子不高兴、不愿意执行，学习效率就无从谈起。制订计划不是目的，目的是计划的高效实施，要出结果。

（2）家长在和孩子讨论或者实施计划时，双方难免会有不同的想法。这时怎么办？请家长不要和孩子说"不行"，而是告诉孩子"怎么能行"。因为如果家长总是和孩子说"不行"，那么孩子也会在家长要求他完成任务时说"不行"。我建议家长告诉孩子怎么能行，什么时候能行。比如孩子要吃冰激凌，如果规定一周只能吃一次，那么我建议家长这样对孩子说："可以，我周五中午带你去吃冰激凌。"

（3）如果家里有外出旅行计划，建议尽量放在假期的后期，即孩子完成必须做的假期任务之后再出发。家长可以和孩子一起用咱们马上要讲到的CAF任务表，和孩子一起讨论、列出理想旅游目的地的标准，再根据标准确认旅游目的地。CAF任务表还可以用来讨论诸如交通方式、预订酒店、网络购票以及准备在当地购买的礼物和需要携带的物品清单等。家长邀请孩子共同制订旅行计划，孩子会更有成就感，会更加享受旅行的过程。

假期三表一录

制订假期计划离不开假期三表一录：CAF任务表、任务执行计划表、任务评估表和美言录。接下来分别说明。

（1）CAF任务表。CAF就是英文单词Considering All Factors的首字母缩写，意思是"把所有的因素都考虑进去"。所以，一个CAF任务表，包括必须完成的任务和想要完成的任务,目的是确认家长和孩子的假期目标。

(2) 任务执行计划表。任务执行计划表的目的是明确日任务量。

(3) 任务评估表。建议家长每过 5 天就对假期任务做一次任务评估:哪些完成了?为什么能完成?等等。这样做有两个目的:一是让孩子看到自己已经完成的任务,体验巨大的成就感;二是定期校正,避免临到开学前才发现计划失败,家长因此大发雷霆,孩子找各种失败的客观理由。

(4) 美言录。一句话概括就是家长捕捉孩子的闪光点,用具体语言肯定孩子的主观努力。美言录有两个目的:一是建立良好的亲子关系;二是让孩子有成就感,有干劲,愿意继续努力。

最后,在我的辅导建议下,朵朵妈妈终于为孩子制定出了孩子愿意执行的假期三表一录。

(1) CAF 任务表。CAF 任务表是世界创新思维大师爱德华·德·波诺提出的一个非常有效的思考工具。有了这张表,孩子就不会想起一出是一出,以致浪费大量时间。需要特别注意的是,必须完成的任务就是用学校任务(如假期作业)加上自己家庭的任务(如练琴),然后可以将目标分解出来。

很多学校在放长假的时候都会发一张假期学习建议,也就是假期任务单。怎么进行目标分解呢?以语文作业为例,要求孩子"了解传统节日,并以思维图示的形式呈现",那么家长和孩子就需要对这个任务进行分解,算出任务完成需要的天数和日任务量。例如,朵朵妈妈母女俩在 CAF 任务表中就算出:总共要 4 天,1 天找材料,1 天定稿,两天制作。

另外,有的家长假期会给孩子报兴趣班。兴趣班的选择需要尊重孩子的意愿。对于必须报但孩子又不愿意报的兴趣班,家长可以用激发外驱力和内驱力的方法(详情请参考本书第八章的内容)。当然,这样的项目不能太多,建议 1 个就好。

（2）任务执行计划表。在做任务执行计划表的时候,建议家长注意任务排序,也就是先做必须完成的任务,再做自己想做的事情。例如和孩子提前约定,每天先完成必须完成的任务后,剩下的时间就都是自主时间,在自主时间内,孩子可以做自己想做的事情。有些活泼型性格孩子可能会说:"妈妈,我想先去玩会儿,完了之后保证马上写作业。"注意,这可能就为后面计划失败埋下了隐患。所以家长一定要把握原则,请微笑着告诉孩子:"已经约定好了的,要先执行必须完成的任务。"

（3）任务评估表。每 5 天做一次任务评估表,目的是:第一,让孩子亲身体验努力就会有收获,这真的比给孩子讲大道理或者只是训斥孩子的效果会好很多。第二,让孩子有成就感,当孩子看到自己 5 天时间已经做了这么多事情,就会有动力按计划完成更多的任务。第三,让孩子寻找自己高效完成任务的成功经验,例如孩子报完成了数学手抄,是因为提前进行了步骤拆分。否则,孩子不运用成功经验,也会影响假期计划的执行。

（4）美言录。家长每天给孩子写一条美言录,把观察到的孩子的好行为写下来,内容越具体越好。当然,如果家长白天因为工作没有看到孩子的努力,那么可以在晚上请孩子告诉家长:今天最高兴的事是什么?在今天完成的学习任务中,最得意的是哪一项?如果孩子讲述的时候两眼放光,就意味着方向找对了。请家长一定记得写下来,给孩子写美言录,至少每天一条。